职业院校汽修专业通用教材
项目驱动、任务引领型教材

（微课版）

汽车综合故障诊断与维修

QI CHE ZONG HE GU ZHANG ZHEN DUAN YU WEI XIU

主　编　周建明　夏山鹏
副主编　孙　伟　王文强　张志伟

华东师范大学出版社
·上海·

图书在版编目(CIP)数据

汽车综合故障诊断与维修/周建明,夏山鹏主编.—上海:华东师范大学出版社,2023
ISBN 978-7-5760-4047-0

Ⅰ.①汽… Ⅱ.①周…②夏… Ⅲ.①汽车-故障诊断-高等职业教育-教材②汽车-车辆修理-高等职业教育-教材 Ⅳ.①U472.4

中国国家版本馆 CIP 数据核字(2023)第 135102 号

汽车综合故障诊断与维修

主　　编	周建明　夏山鹏
责任编辑	李　琴
特约审读	李秋月
责任校对	樊　慧　时东明
装帧设计	庄玉侠
出版发行	华东师范大学出版社
社　　址	上海市中山北路 3663 号　邮编 200062
网　　址	www.ecnupress.com.cn
电　　话	021-60821666　行政传真 021-62572105
客服电话	021-62865537　门市(邮购)电话 021-62869887
地　　址	上海市中山北路 3663 号华东师范大学校内先锋路口
网　　店	http://hdsdcbs.tmall.com
印　刷　者	上海四维数字图文有限公司
开　　本	787 毫米×1092 毫米　1/16
印　　张	10.5
字　　数	240 千字
版　　次	2023 年 10 月第 1 版
印　　次	2023 年 10 月第 1 次
书　　号	ISBN 978-7-5760-4047-0
定　　价	35.00 元
出　版　人	王　焰

(如发现本版图书有印订质量问题,请寄回本社客服中心调换或电话 021-62865537 联系)

本书编写组

主　编：周建明　夏山鹏

副主编：孙　伟　王文强　张志伟

参　编：（以姓氏笔画排序）

　　　　马福胜　周生波　聂永涛　黄　凯

前言
QIANYAN

  本教材坚持以党的二十大精神为指导,在确保正确的政治方向和价值导向的前提下,结合汽车专业特点和职业教育人才培养的要求,引入真实工作场景的典型案例,纳入实际岗位新技术、新规范,并且对标职业院校技能大赛和证书考核,融入大赛和证书的理论知识和技能培训要求,以项目驱动、任务引领模式定位教学内容,实现工作过程、课堂教学、竞赛标准、证书考核的有机衔接和有机融入,体现岗课赛证综合育人。

  本教材将"教、学、做"融为一体,强化学生能力的培养,主要从汽车故障诊断基础认知及常见诊断仪器设备使用、发动机管理系统故障诊断与排除、汽车灯光系统故障诊断与排除、汽车舒适系统故障诊断与排除、汽车防盗系统故障诊断与排除5个方面对汽车综合故障诊断进行了阐述。

  本教材主要具有以下特点:

  1. 充分考虑学习者的学习认知心理过程。学习任务的设置主要围绕汽车相关系统的常见故障展开,包括故障现象的详细描述、诊断与测量过程的记录、故障机理分析等,在分析典型故障案例的基础之上,完成知识和技能的学习。

  2. 以全国职业院校"汽车检测与维修"技能竞赛为引领、以职业技能等级证书"汽车运用与维修"考核培训方案为参照进行编写,是岗课赛证融通教材的新尝试。

  3. 以二维码形式融合微课视频等数字资源,并推出了配套的资源包(电子教案、PPT等),实现了教学资源与教学内容的有效对接,为特色鲜明的新形态一体化教材。

  本教材既可以作为职业院校汽车检测与维修技术、汽车运用与维修技术、汽车电子技术等相关专业的教学用书,也可供从事汽车维修服务的技术人员或汽车爱好者自学。

  本教材由周建明、夏山鹏担任主编,孙伟、王文强、张志伟担任副主编。教材编写具体分工如下:项目一由张志伟、黄凯编写,项目二由马福胜、聂永涛编写,项目三由周建明、王文强编写,项目四由夏山鹏编写,项目五由孙伟、周生波编写。

  编写组参阅了大量汽车维修资料,并进行了实车验证,但由于编者水平有限,且时间仓促,若存在不妥之处,恳请专家、读者予以批评指正。

编者
2023 年 10 月

目 录

项目一 汽车故障诊断基础认知及常见诊断仪器设备使用 ………… 1

    任务 1　汽车故障诊断基础认知 ………………… 2
    任务 2　汽车常见诊断仪器设备使用 …………… 9

项目二 发动机管理系统故障诊断与排除 ………… 17

    任务 1　起动机不运转的故障诊断与排除 ……… 18
    任务 2　发动机无法起动故障诊断与排除 ……… 27
    任务 3　发动机运行不良故障诊断与排除 ……… 47

项目三 汽车灯光系统故障诊断与排除 …………… 65

    任务 1　近光灯系统故障诊断与排除 …………… 66
    任务 2　远光灯系统故障诊断与排除 …………… 72
    任务 3　示宽灯系统故障诊断与排除 …………… 81
    任务 4　雾灯系统故障诊断与排除 ……………… 87
    任务 5　危险警告灯系统故障诊断与排除 ……… 93
    任务 6　制动灯系统故障诊断与排除 …………… 101

▶ 微课视频

起动机工作原理 / 19

起动系统电路分析 / 20

起动许可信号线路故障诊断分析 / 25

点火系统工作原理 / 28

曲轴位置传感器故障诊断分析 / 37

点火系统故障诊断分析 / 40

燃油供给系统故障诊断分析 / 43

喷油器工作原理 / 48

节气门位置传感器工作原理 / 52

节气门位置传感器故障检修 / 54

▶ 微课视频

近光灯系统工作原理 / 67

近光灯系统故障诊断分析 / 69

雾灯控制系统故障诊断分析 / 87

项目四 汽车舒适系统故障诊断与排除 ……………… 109

任务 1　CAN 总线系统故障诊断与排除 ……… 110

任务 2　LIN 总线系统故障诊断与排除………… 118

任务 3　门锁系统故障诊断与排除 ……………… 124

任务 4　车窗升降系统故障诊断与排除 ………… 130

任务 5　后视镜系统故障诊断与排除 …………… 138

项目五 汽车防盗系统故障诊断与排除 ……………… 147

任务 1　无钥匙进入系统故障诊断与排除 ……… 148

任务 2　一键起动系统故障诊断与排除 ………… 152

▶ 微课视频

CAN 总线系统工作原理 / 111

门锁故障诊断分析 / 126

车窗升降系统工作原理 / 131

后视镜系统工作原理 / 138

项目一 汽车故障诊断基础认知及常见诊断仪器设备使用

本项目内容包含汽车故障诊断基础认知、汽车常见诊断仪器设备使用2个学习任务。通过本项目的学习,掌握汽车故障的类型、成因、变化规律及故障诊断的基本方法等知识,具备汽车故障分析及常见故障诊断设备使用的职业能力。

- 汽车故障诊断基础认知及常见诊断仪器设备使用
  - 汽车故障诊断基础认知
  - 汽车常见诊断仪器设备使用

任务 1　汽车故障诊断基础认知

学习目标

1. 素质目标
(1) 培养学生的逻辑思维能力和创新能力。
(2) 培养学生具备诚信、严谨、规范、求真的职业精神。
(3) 培养学生具备能主动获取信息、团队协作与沟通交流的能力。

2. 知识目标
(1) 了解汽车故障的成因、类型及变化规律。
(2) 了解汽车故障诊断的注意事项。
(3) 掌握汽车故障诊断的方法。

3. 能力目标
(1) 能对汽车常见故障进行成因的判断。
(2) 能够正确运用直观诊断法对汽车的某些典型故障进行初步分析。
(3) 能够正确运用直观诊断法对汽车的某些典型故障进行诊断与排除。

任务导入

你即将到汽车维修企业的汽车机电维修岗位进行实习,请梳理常见的故障诊断方法,熟悉汽车故障的诊断流程,初步养成汽车故障诊断思维。

随着科学技术水平的不断提高,汽车的功能越来越齐备,结构越来越复杂;而汽车的使用条件恶劣,既要经受风吹雨淋日晒,又要承受温度的剧变和剧烈的振动。因此,汽车在使用的过程当中,由于种种原因,其技术状况不可避免地会发生变化,有时甚至导致汽车发生故障。汽车在使用过程中出现故障,其原因有主观方面的,也有客观方面的。汽车故障一旦出现,就应借助一定的方法手段,利用必要的仪器设备,通过正确的逻辑判断,查找出导致故障出现的真正原因,并及时予以排除,使汽车尽快恢复正常工作状态,以利于延长汽车使用

寿命，提高其工作安全性。

汽车故障是指汽车部分或完全丧失工作能力的现象，如发动机起动困难、不着车，汽车漏油、漏水，照明系统失灵等。

一、汽车故障的分类

1. 按照故障造成的原因分类

自然故障：指在正常使用和维护条件下，由于不可抗拒的原因而形成的故障。如使用过程中零件之间的自然磨损、零件在长期交变载荷下产生疲劳、在外载荷及温度残余内应力下产生变形、非金属零件及电器元件老化等原因造成的故障。

人为故障：由于人为原因而造成的故障，例如设计缺陷、加工失误、操作失误等。

2. 按照故障的性质分类

轻微故障：一般不会导致汽车停驶或性能下降，不需要更换零件，用随车工具进行适当调整即可排除。

一般故障：会导致汽车停驶或性能下降，但一般不会导致主要部件和总成的严重损坏，可更换易损零件或用随车工具在短时间内排除。

严重故障：可能导致主要零件的严重损坏，并且不能通过更换零件或用随车工具在短时间内排除，会影响汽车安全行驶，或会造成严重后果的故障。

3. 按丧失工作能力程度分类

局部功能故障：是指汽车某一部分存在故障，这一部分功能不能实现，而其他部分功能仍完好，不影响正常行驶。

整体功能故障：虽然可能是汽车的某一部分出现了故障，但整个汽车的功能不能实现，导致汽车完全丧失工作能力。

4. 按照故障影响性质分类

功能故障：致使预定功能不能实现的故障，这种故障往往是由于个别零件损坏造成的，例如起动机损坏导致发动机无法起动。

参数故障：某个器件工作参数超出标准值，但并未导致功能完全丧失的故障，例如点火正时稍微超出标准值，但并未导致点火过早或过晚的故障现象出现。

5. 按故障存在类型分类

偶发性故障：故障发生后，故障现象时有时无，在诊断这种故障时需要模拟故障发生时的工况条件和环境，获取故障诊断参数比较困难，例如发动机偶发性熄火、发动机偶发性抖动等。

永久性故障：故障发生后，如不经人工排除，故障将始终存在，诊断这样的故障时可以很方便地对诊断参数进行在线采集，例如发动机缺缸故障。

6. 按故障形成速度分类

急剧性故障：故障一经发生，工作状况急剧恶化，不停机修理，就不能正常运行。
渐变性故障：故障发展缓慢，故障出现后一般可以继续行驶一段时间后再修理。
突发性故障：在故障发生的前一刻没有明显的故障现象，故障发生往往导致汽车功能丧失，甚至引起人身、车辆安全事故。

二、汽车故障的成因

造成汽车故障的原因是多方面的，主要包括设计制造缺陷，使用维修不当，燃料、润滑油选用不正确，管理方面的问题，自然失效等几个方面。

1. 设计制造缺陷

尽管各种车辆的设计者们考虑得很周全，也难免存在薄弱环节和不足之处。如发动机水套内冷却水流向欠合理而影响散热，导致个别气缸磨损剧烈；有的气缸体内部有铸造气孔，造成发动机使用不久就出现故障；有的曲轴材料缺陷、制造工艺不好、热处理工艺不良，出现早期的断裂和变形；有的发动机、传动轴动平衡不好，会造成车身抖振。

2. 使用维修不当

超载运输，润滑不良，滤清效果不好，违反汽车操作规程，汽车维护修理不当，汽车驾驶员对汽车日常维护、操作技术、故障处理，对新车型、新装置使用注意事项的掌握，直接影响汽车技术状况的变化。

3. 燃料、润滑油选用不正确

根据车型选用燃料和润滑油，是保证汽车正确使用的必要条件。如要求使用98号汽油的车辆，选用了92号的汽油，发动机就会产生爆燃，冲坏气缸垫，或烧毁活塞顶，并使动力性下降；柴油车在严寒地区使用高凝固点的柴油，就会起动困难；电喷发动机要求使用无铅汽油，若使用含铅汽油，会导致氧传感器铅中毒，造成发动机动力性下降。

4. 管理方面的问题

主要指由于使用单位和个人不了解或不严格执行车辆技术管理规定，导致车辆使用不合理、维护不定期、修理不及时等，均会使车辆随机故障频发，不但影响了汽车使用寿命，而且危及行车安全。

5. 自然失效

汽车长期在各种条件下工作，其零件材料自然会发生渐进性的变化，使零件的形状、尺寸、表面乃至内在质量、配合副的相互位置及配合性质等，产生不可逆转的变化，造成零部件、总成及整车技术状况下降，严重的还会因零件的断裂等造成行车事故，带来不可估量的损失。材料的自然失效（也称老化），尤以橡胶和塑料最为严重，因此在进行总成修理时，必须更换所有橡胶类零件。一些重要的橡胶件如各种膜片、某些橡胶密封圈及垫片等,必须按维修资料的规定及时更换,以免引起汽车故障,严重时甚至酿成交通事故。

三、汽车故障变化规律

汽车故障变化规律是指汽车的故障率随汽车行驶里程的变化而变化的规律。

汽车的故障变化规律曲线如图1-1所示,根据汽车故障变化规律将汽车故障率的变化过程分为早期故障期、随机故障期和耗损故障期三个时期。

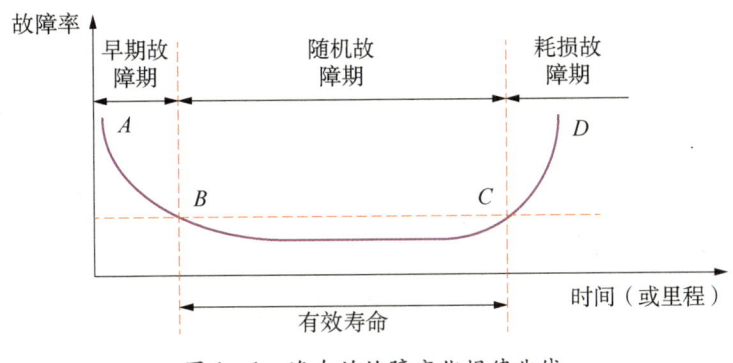

图1-1 汽车的故障变化规律曲线

1. 早期故障期

相当于汽车的磨合期。因初期磨损量较大,所以故障率较高,但随行驶里程增加而逐渐下降。

2. 随机故障期

故障的发生是随机性的,没有一种特定的故障在起主导作用,多由于使用不当、操作疏忽、润滑不良、维护欠佳及材料内部隐患以及工艺和结构缺陷等偶然因素所致。在此期间,汽车或总成处于最佳状态,其故障率低而稳定,随机故障期对应的行驶里程一般称为汽车的有效寿命。

3. 耗损故障期

由于零件磨损量急剧增加,大部分零件老化耗损严重,特别是大多数受交变载荷作用影响及易磨损的零件已经老化,因而故障率急剧上升,出现大量故障,若不及时维修,将导致汽车或总成报废。因此,必须把握好耗损点,制定合适的维修周期。

四、汽车故障诊断原则及方法

(一)汽车故障诊断原则

汽车故障诊断是指在汽车不解体的情况下,对故障发生的部位、原因进行的检查、测量、分析和判断,是汽车维修中的一个重要环节。汽车故障诊断要从故障现象出发,通过问诊试车、分析研究、推理假设、流程设计、测试确认、修复验证,最后达到发现故障原因的目的。故障诊断的原则主要有:先外后内、先熟后生、先简后繁、代码优先、先思后行、先备后用等。

1. 先外后内原则

在发动机出现故障时,先对电子控制系统以外的可能故障部位予以检查。这样可避免本来是一个与电子控制系统无关的故障,却对系统的传感器、ECU、执行器及线路等进行复杂且又费时费力的检查,而真正的故障可能较容易查找到却未能找到。

2. 先熟后生原则

由于结构和使用环境等原因,发动机的某一故障现象可能以某些总成或部件的故障最为常见,应先对这些常见故障部位进行检查,若未找出故障,再对其他不常见的可能故障部位予以检查。这样做,往往可以迅速地找到故障,省时省力。

3. 先简后繁原则

能以简单方法检查的可能故障部位应先予以检查。比如直观检查最为简单,可以用看(用眼睛观察线路是否有松脱、断裂,油路是否有漏油,进气管路有无破损漏气等)、摸(用手摸一摸可疑线路插接器连接有无松动,摸一摸火花塞的温度、喷油器的振动来判断火花塞、喷油器是否工作,摸一摸线路连接处有无不正常的高温以判断该处是否接触不良等)、听(用耳朵或借助于螺钉旋具、听诊器等听一听有无漏气声、发动机有无异响、喷油器有无规律的"喀嗒"声等)等直观检查方法将一些较为明显的故障迅速地找出来。当直观检查未找出故障,需借助仪器仪表或其他专用工具来进行检查时,也应对较容易检查的、能就车检查的项目先进行检查。

4. 代码优先原则

电子控制系统一般都有故障自诊断功能,当电子控制系统出现某种故障时,故障自诊断系统就会立刻监测到故障并通过"检测发动机"等警告灯向驾驶人示警,与此同时以代码的方式储存该故障的信息。但是对于有些故障,故障自诊断系统只储存该故障码,并不报警。因此,在对发动机进行系统检查前,应先按制造厂提供的方法,读取故障码,并检查和排除代码所指的故障,故障码所指的故障消除后如果发动机故障现象还未消除,或者开始就无故障码输出,则再对发动机可能的故障部位进行检查。

5. 先思后行原则

对发动机的故障现象应先进行故障分析,在了解了可能的故障原因有哪些的基础上再进行故障检查。这样,可避免故障检查的盲目性:既不会对与故障现象无关的部位进行无效的检查,又可避免对一些有关部位漏检。

6. 先备后用原则

电子控制系统的一些部件性能好坏,电气线路正常与否,常以其电压或电阻等参数来判断。如果没有这些数据资料,则系统的故障检判将会很困难,往往只能采取用新件替换的方法,造成维修费用猛增且费工时。所谓先备后用,是指在检修车辆时,应准备好与维修车型有关的检修数据资料。

(二) 汽车故障诊断常见方法

1. 直观诊断法

直观诊断法就是不借助仪器和仪表,仅凭眼睛或其他感觉器官以及应用必要的工具,对汽车电子电器进行外表检查,从而发现损坏元件。直观诊断法需要经验丰富的技术人员,仅适用于查找比较明显的故障。通常情况下,直观诊断法包括问、看、听、嗅、摸、试六个方面。

(1) 问:就是询问。接到故障车后,首先要向车主详细询问车辆的行驶里程、行驶状况、行驶条件、维修情况、故障先兆迹象等。

(2) 看:就是通过眼睛对整车或相关部位进行观察,发现汽车比较明显的异常现象。如看排气的颜色、看漏油严重程度、看机油变色情况、看损坏部位等,都能判断出某些故障。

(3) 听:就是听声响,从而确定哪些是异常响声。汽车整车及各总成、各系统在正常工作时,发出的声音一般都是有一定规律的,通过仔细辨别能大致判断出声音是否正常,从而判断异响的部位和故障所在。

(4) 嗅:就是凭借汽车故障部位散发的特殊气味来诊断故障。有些故障出现后,会产生比较特殊的气味,据此可以准确地判断故障部位所在。如电路短路的焦味、制动片的焦味、燃烧不完全的油烟味等。

(5) 摸:就是用手触试。手摸可以直接感觉到故障部位的发热情况、振动情况、漏气及零件灵活程度等,从而判断出部件是否打滑、咬死、烧坏等。

(6) 试:就是试验验证。如诊断人员可亲自试车去体验故障的部件,用单缸断火法断定发动机异响的部位,可用更换零件法来证实故障的部位。

2. 利用诊断仪器进行诊断

随着现代汽车的技术水平大幅提高,汽车越来越趋向智能化、网联化,传统上靠人工进行故障诊断的方法,已经跟不上汽车电子电路、网络系统维修的需要,技术人员往往需要借助各种检测设备获取能反映整车、系统、总成或元件工作性能的技术参数,来分析故障所在。这些诊断仪器包括万用表、示波器、气缸压力表等常用仪表,以及汽车专用万用表、汽车专用示波器、发动机综合分析仪、四轮定位仪、汽车专用解码器等。

3. 备件替代法

备件替代法是利用机械零部件或电器元件进行互换,或者用已知性能完好的器件进行替换的对比试验方法。当怀疑某个器件发生故障时,可用一个好的器件去替换该器件,然后进行测试,这些器件来自车辆本身,也可以来自同型号车辆,或来自备件库。若故障消失,则证明判断正确,故障部件就在该处。若故障现象没有变化,则证明故障不在此处,还需要进一步查找。

4. 利用随车自诊断系统进行诊断

现代汽车都具有故障自诊断系统。它可以用来对汽车内传动系统、控制系统各部分工作状态进行自动检查和监测，及时地检测出电子控制系统出现的故障。当汽车出现故障时，装在仪表板上的故障指示灯就会闪亮以警告车主汽车可能出问题了。随车自诊断系统还可以用默认值替代不正常的传感器数据，以保证系统能够持续运转，同时将故障信息以代码形式存储在发动机控制模块内，还可以显示故障码出现时相关的数据参数。维修时，技术人员可将存入存储器的故障码调出，为维修人员快速诊断出故障类型提供信息。

5. 故障树诊断法

故障树是描述对象结构、功能和关系的一种定性的因果关系，它体现了故障传播的层次性和下层故障源与上层故障现象之间的因果关系。故障树分析法是一种自上而下逐层展开的图形演绎分析法，其定性分析的主要目的在于找出导致顶事件发生的所有可能的故障模式，即寻找故障树的全部最小割集。通过最小割集可判断系统最薄弱环节，指明故障源及故障原因，提供改进方案和维修建议。

对于较复杂的故障，或属于比较生僻的故障，由于可能导致故障的原因较多，因此单靠经验或简单诊断，在一般情况下很难解决问题，此时必须借助一定的设备仪器，按照一定的方法步骤，对故障进行全面细致的检查和分析，逐步排除可能的故障原因，最终找到真正的故障部位，以上诊断故障所采用的就是故障树诊断法。

6. 汽车故障诊断基本流程

汽车故障诊断基本流程是汽车故障诊断中最基础的诊断过程，是对诊断内容的最一般的概括和总结，汽车故障诊断基本流程包括从故障症状出发，通过问诊、试车（验证故障症状）、分析研究（分析结构原理）、推理假设（推出可能原因）、流程设计（提出诊断步骤）、测试确认（测试确认故障点）、修复验证（排除故障后验证），最后达到发现故障最终原因的目的，如图1-2所示。

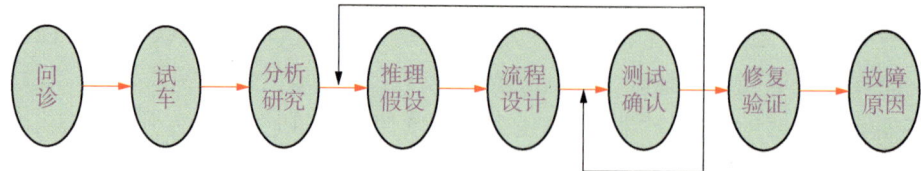

图1-2 汽车故障诊断流程

任务 2　汽车常见诊断仪器设备使用

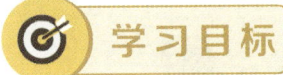 学习目标

1. 素质目标
(1) 培养学生的逻辑思维能力和创新能力。
(2) 培养学生具备诚信、严谨、规范、求真的职业精神。
(3) 培养学生具备能主动获取信息、团队协作与沟通交流的能力。

2. 知识目标
(1) 熟悉常用检测诊断设备仪器的功能。
(2) 掌握常用检测诊断设备仪器的操作步骤。

3. 能力目标
(1) 能正确使用常见的故障诊断检测设备。
(2) 能利用检测诊断仪器设备进行故障检测与诊断。

 任务导入

你即将到汽车维修企业汽车机电维修岗位实习，请梳理常见的故障诊断仪器设备，熟悉常见的故障诊断仪器设备使用方法，使用常见的故障诊断仪器设备进行故障的检测与诊断。

知识链接

汽车故障的出现主要是由于汽车技术状况的变化引起的，而汽车的技术状况是可以通过对状态参数的物理或化学特征变化的测量来反映的。因此，可用一定的诊断设备或仪器对汽车的技术状况加以诊断，从而找出导致汽车产生故障的原因，及时进行排除。由于汽车故障诊断设备是根据汽车各个系统的结构特征和工作原理而专门设计的，因此其针对性比较强，一般只能用来测定某一系统或某一方面的故障参数。根据汽车的诊断方法，汽车诊断设备可以分为通信式计算机测试设备、在线式电路测试设备、对比性元件测试设备和综合测试设备。下面就常用的汽车诊断设备进行介绍。

一、发动机气缸压力表

如图1-3所示,气缸压力表用于检测气缸压缩压力,根据检测结果可判断气缸体与缸盖之间的密封情况、活塞环与缸壁配合状况及燃烧室内积炭是否过多等有关气缸的技术状况。

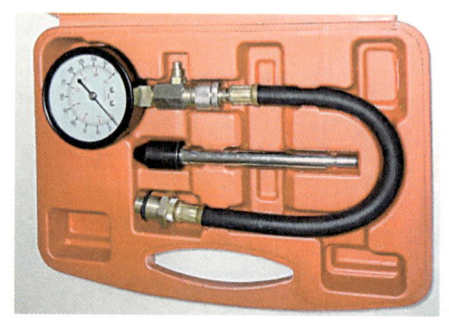

图1-3 气缸压力表

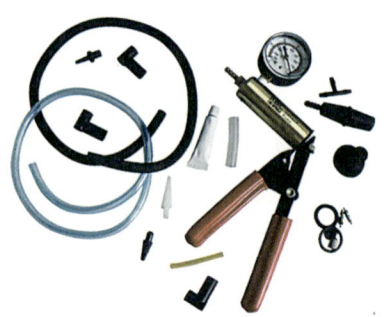

图1-4 真空表和手动真空泵

二、真空表和手动真空泵

如图1-4所示,真空表和手动真空泵用于检测汽油发动机进气歧管的真空度和某些管路的密封情况。通过进气歧管的真空度及其变化状况的检测,可以判断气缸和进气歧管密封状况及是否有堵塞现象,也可用于检测油泵输出压力、油路泄漏及真空控制系统的功能。

三、尾气分析仪

如图1-5所示,尾气分析仪主要用于检测污染物CO、HC、CO_2及NO_x等的含量,以判断发动机排放是否超标和分析发动机的技术状况。

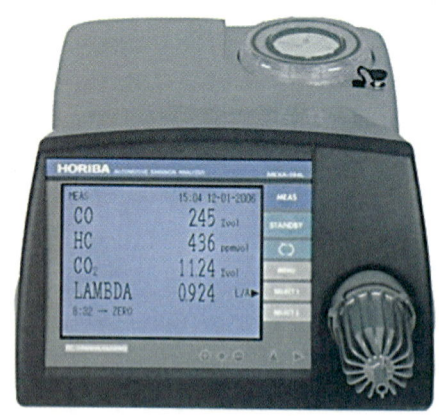

图1-5 尾气分析仪

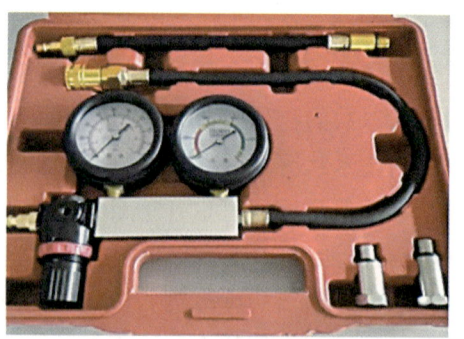

图1-6 气缸漏气率检测仪

四、气缸漏气率检测仪

如图1-6所示,气缸漏气率检测仪主要用于检测气缸的密封性。检测气缸漏气量时,发动机不运转,活塞处于压缩终了上止点位置,从火花塞孔处通入一定压力的压缩空气,通过测量气缸内压力的变化情况来判断气缸的密封性。

五、发动机综合分析仪

如图1-7所示为博世公司生产的FSA740发动机综合分析仪。它是一种最常见的计算机式发动机分析仪,是一种以个人计算机为核心的发动机综合分析设备。它通过各种测试接口把发动机和测试模块连接起来,利用模块内的测试程序实现对发动机各个系统的测试功能,这种分析仪可以完成点火示波器、汽车专用示波器的全部测试功能,同时还可以进行自动测试。它实质上是各种测试仪器的组合。如果微型计算机中装有车型数据库,还能够实现测试过程中资料库的在线支持和数据自动分析。

图1-7 发动机综合分析仪

图1-8 汽车专用万用表

六、汽车专用万用表

如图1-8所示,汽车专用万用表是在普通数字万用表的基础上增加了一些汽车专用的检测功能。一般除经常检测电压、电阻和电流等参数外,它还可以检测转速、闭合角、频宽比(占空比)、频率、压力、时间、电容、电感、温度、半导体元件等,更加适合汽车检测与故障诊断之用。

七、汽车故障诊断仪

汽车故障诊断仪是一种汽车电控系统故障检测仪,是用来与汽车电控系统的控制模块进行数据交流的专用仪器,也是到目前为止检测汽车电控系统故障最有效的仪器。它除了具有读取故障码、清除故障码功能外,还具有显示故障码内容的功能,即具有解码功能。汽车故障诊断仪一般分为专用型和通用型两大类。如图1-9所示为KT600通用汽车故障诊断仪,图1-10所示为大众专用故障诊断仪。

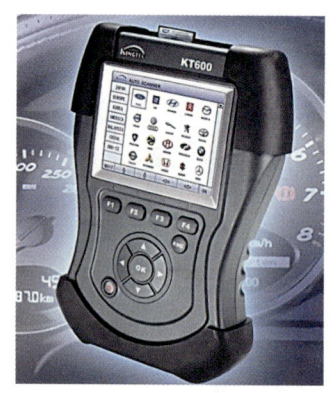
图1-9 KT600通用汽车故障诊断仪

图1-10 大众专用故障诊断仪

1. 故障诊断仪主要具备的功能

(1) 读取相关电控系统存储的故障码。

(2) 具备清除故障码功能,使系统完全恢复正常。

(3) 读取相关控制模块中的数据流,方便观察系统中传感器、执行元件等的运行数据。

(4) 可以进行执行元件的测试诊断,即通过故障诊断仪直接向执行器发出动作指令,借此检查执行元件及其电路的工作状况。

(5) 可通过网络进行相关系统资料的下载、更新升级等操作。

(6) 对车上ECU进行某些数据的重新输入和更改。

(7) 有的汽车专用故障诊断仪还具有万用表、示波器、技术资料在线查找、维修技术指导、客户档案管理等功能。

2. KT600故障诊断仪使用方法

(1) 打开汽车故障诊断接口盖,将KT600连接到汽车诊断接口上。起动发动机,打开KT600的电源开关,选择汽车诊断,如图1-11所示。

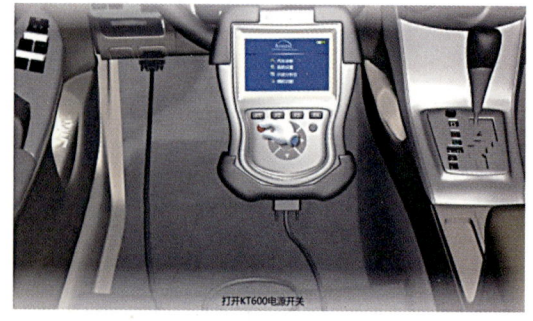
图1-11 连接故障诊断仪

(2) 根据被测车辆选择好车型,进入该车型测试菜单,如图1-12所示。

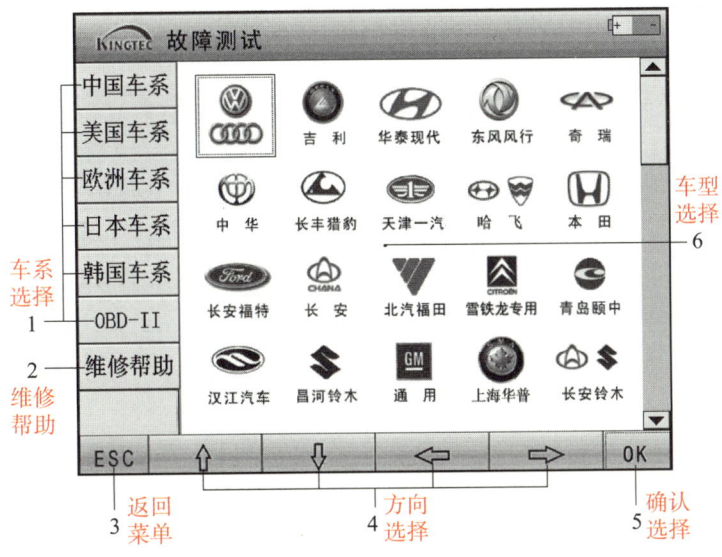

图 1-12 选择被测车型

(3) 进入该车型测试菜单,选择进入某一系统后,出现功能选择菜单,选择系统测试功能,如图 1-13 所示。

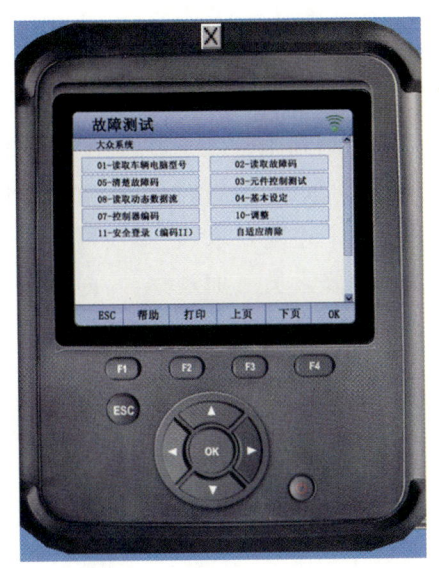

图 1-13 测试功能选择

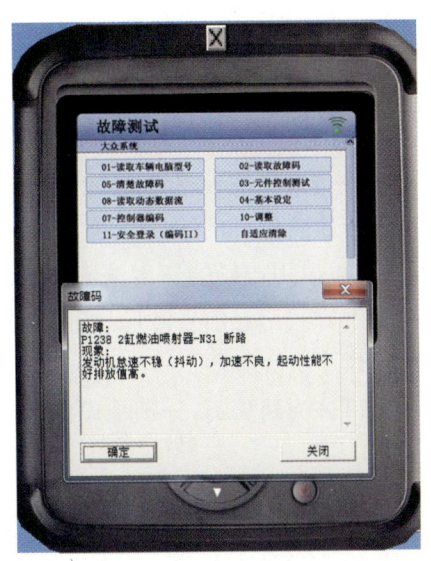

图 1-14 故障码读取

(4) 读取故障码。明确故障项目及故障的性质:是什么故障(例如 P1238 2 缸燃油喷射器-N31 断路故障)?现有故障还是历史故障?常发性还是偶发性?如图 1-14 所示。

(5) 起动发动机,读取与故障项目相关的数据流,分析与故障现象之间的关系。例如,读取目前的空气流量计的读数、发动机转速、节气门开度等;分析空气流量计的读数是否随节气门开度及发动机转速变化,如图 1-15 所示。

（6）按照维修手册的指引检查并排除故障，清除故障码，如图1-16所示。

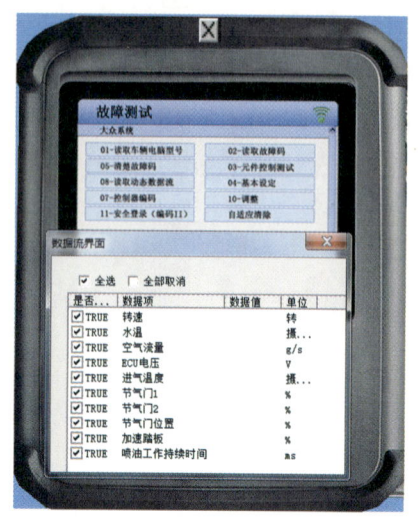

图1-15 数据流读取

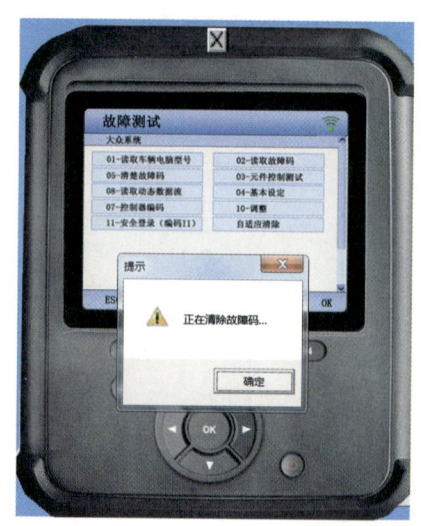

图1-16 故障码清除

八、汽车专用示波器

现代汽车大量采用了电子部件用于发动机的电子控制系统，随之，在车辆检测过程中，对电子器件的检修提出了更高的要求，以往常规的检测方式已无法适应现代车辆的要求。汽车电子设备的有些信号变化速率是非常快的，变化周期达到千分之一秒，通常测试仪器的扫描速度应该是被测信号的5～10倍。许多故障信号是间歇的，时有时无，这就需要仪器的测试速度高于故障信号的速度。数字示波器可以满足这个速度要求，它不仅可以快速捕捉电路信号，还可以用较慢的速度来显示这些波形，以便维修人员一面观察，一面分析。它还可以用储存的方式记录信号波形，维修人员可以倒回来观察已经发生过的快速信号，这就为分析故障提供了极大方便。

示波器可分为两大类，分别是模拟示波器和数字示波器，模拟示波器可以把测量的电压信号直接转化为光信号进行显示，有非常高的灵敏度，但是测量带宽低，使用起来复杂。现在数字示波器已经成为了主流，数字示波器常见到的有台式示波器（供电为生活用电，不便于携带）、虚拟示波器（测量波形需要另外连接显示器）、手持示波器（需要充电，携带方便）、平板示波器（携带方便，显示波形清晰，便于操控）等。如图1-17所示为模拟示波器，图1-18所示为常见的数字示波器。

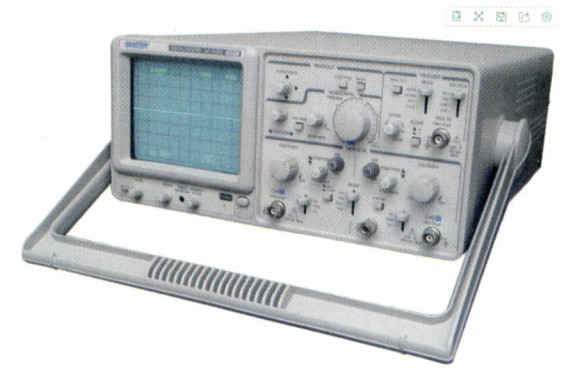

图1-17 模拟示波器

项目一　汽车故障诊断基础认知及常见诊断仪器设备使用　15

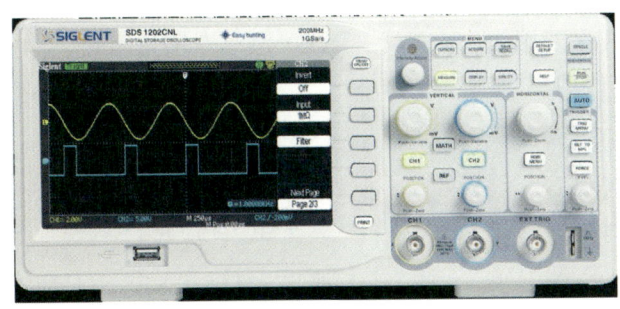

(a) 台式示波器

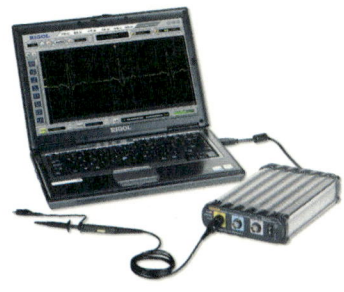

(b) 虚拟示波器

(c) 手持示波器

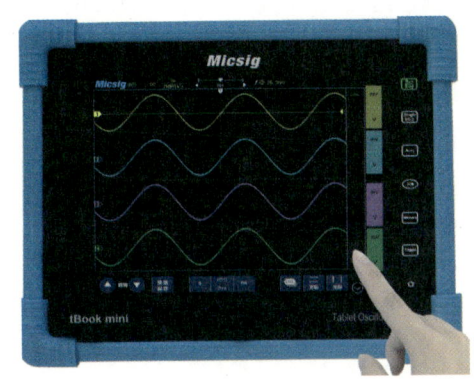

(d) 平板示波器

图 1-18　常见数字示波器

课后测试

一、填空题

1. 汽车故障变化规律可分为_____、_____、_____三阶段。
2. 汽车故障的常用诊断方法主要有_____、_____、_____、_____等。
3. 汽车零件失效的主要原因有_____、_____、_____等。
4. 汽车零件的磨损类型可以分为_____、_____、_____、_____等四种磨损形式。

二、选择题

1. 汽车故障率较低的阶段是(　　)。
   (A) 早期故障期　　　　　(B) 随机故障期　　　　　(C) 耗损故障期
2. 在对汽车进行故障诊断时,应(　　)。
   (A) 进行尽可能多的检测
   (B) 进行尽可能多的分析判断
   (C) 进行尽可能少的零件拆卸

3. 在对汽车电控系统检测时,最好使用(　　)。
　　(A) 指针式万用表　　　　(B) 数字万用表　　　　(C) 汽车专用万用表
4. 对传感器脉冲信号的检测一般最好使用(　　)。
　　(A) 万用表　　　　　　　(B) 示波器　　　　　　(C) 汽车专用万用表
5. 发动机综合分析仪可以对发动机进行(　　)测功。
　　(A) 无负荷测功　　　　　(B) 有负荷测功　　　　(C) 全负荷测功

三、问答题

1. 直观诊断法通过哪些手段判断汽车故障的具体部位?
2. 按不同的分类方法,汽车故障是如何划分的?
3. 与解码器相比较,发动机综合分析仪有哪些优点?
4. 汽车专用示波器具有哪些功能特点?

项目二 发动机管理系统故障诊断与排除

本项目内容包含起动机不运转的故障诊断与排除、发动机无法起动故障诊断与排除、发动机运行不良故障诊断与排除3个学习任务。通过本项目的学习,掌握汽油发动机管理系统的基本结构、工作原理、电路分析方法、故障诊断方法等基础知识,具备汽车发动机管理系统常见的起动机不运转、发动机无法起动、发动机运行不良等故障的诊断与排除能力。

发动机管理系统故障诊断与排除
- 起动机不运转的故障诊断与排除
- 发动机无法起动故障诊断与排除
- 发动机运行不良故障诊断与排除

任务 1　起动机不运转的故障诊断与排除

 学习目标

1. 素质目标
(1) 培养学生能够按照企业 5S 要求和安全生产规范进行操作。
(2) 培养学生具备诚信、严谨、规范、求真的职业精神。
(3) 培养学生具备能主动获取信息、团队协作与沟通交流的能力。

2. 知识目标
(1) 了解汽油发动机起动系统故障的常见原因。
(2) 掌握汽油发动机起动系统的构成和工作原理。
(3) 掌握汽油发动机起动系统故障的诊断方法。

3. 能力目标
(1) 可以借助原厂资料(维修手册)准确描述发动机起动系统的构造和工作原理。
(2) 能对起动系统常见故障成因进行判断分析。
(3) 能制定起动系统常见故障的诊断流程。
(4) 能正确使用故障诊断检测设备进行起动系统故障的诊断与排除。

任务导入

一辆轿车,起动发动机时起动机不运转,发动机无法起动。请制定出故障的诊断流程,并对本车辆进行维修,填写故障诊断排除报告。

 知识链接

一、工作原理

我们先来学习起动系统工作原理。汽车起动系统的作用是将蓄电池的电能转化为机械能,驱动发动机飞轮旋转,实现发动机能在自身动力作用下继续运转。其基本组成如图 2-1 所示。

项目二　发动机管理系统故障诊断与排除

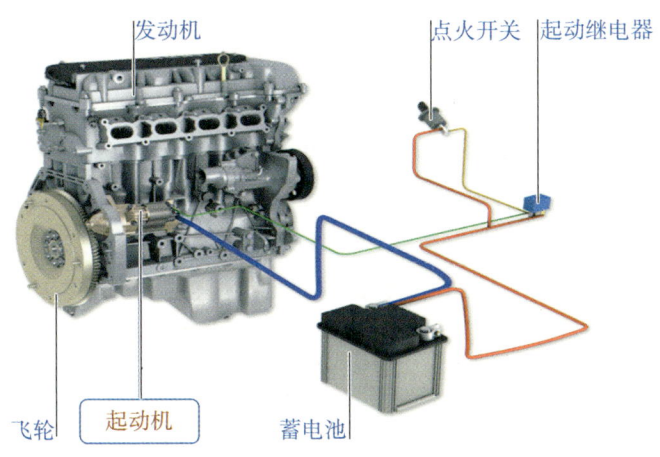

图 2-1　起动系统组成

如图 2-2 所示的起动系统电路中有一个起动继电器，该系统工作过程如下：当点火开关置于起动挡时，点火开关通过其 4 号端子将起动信号传递至 BCM 控制单元的 40 号端子，同时通过 4 号端子为起动继电器 ER01 的 1 号端子供电，BCM 控制单元接收到起动信号后，通过其 9 号端子为起动继电器 ER01 的 2 号端子提供控制信号（2 号端子从点火开关 ON 挡到起动挡电压正常从 12 V 变为 0 V），此时起动继电器 ER01 线圈通电闭合，电流自蓄电池→SF05(30 A)熔丝→起动继电器 ER01 的 5 号端子→起动继电器 ER01 的 3 号端子→起动电动机 1 号端子→搭铁，形成回路，起动机运转。BCM 控制单元通过熔丝 EF13(5A)接收起动控制反馈信号。

起动机工作原理

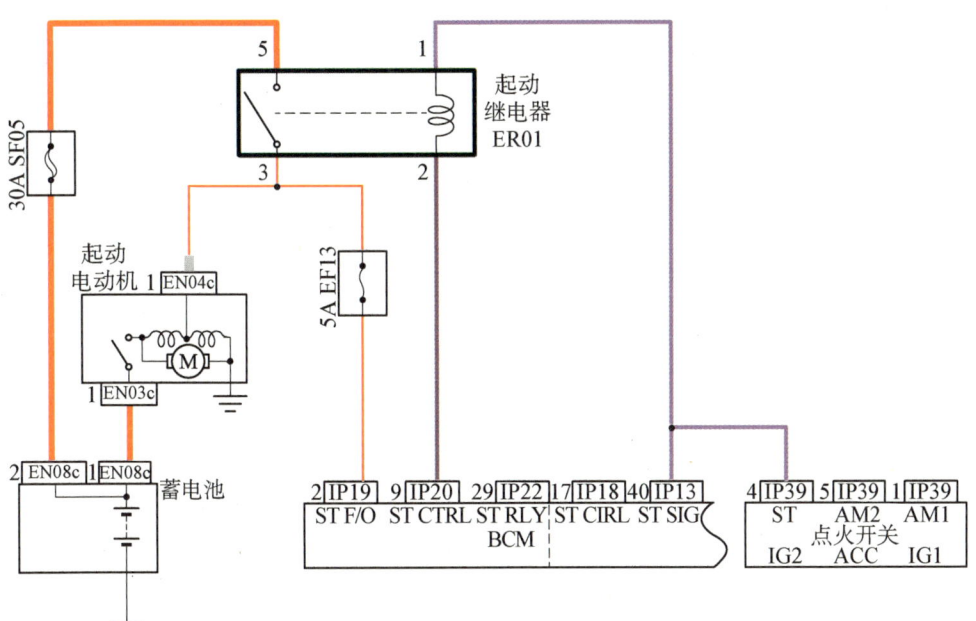

图 2-2　单继电器起动系统原理图

如图2-3所示为含有2个起动继电器的起动系统电路图,起动控制电路基本组成主要有:蓄电池、制动开关F、变速器机电装置J743、进入及许可控制单元J965、2个起动继电器、点火开关、发动机控制单元J623、起动机等。

起动时首先要满足起动条件,主要包括:发动机控制单元接收到起动许可信号;挡位处于P位或N位;踩下制动踏板;点火开关旋至起动挡。在该车型起动系统中起动机受控于2个起动继电器,而起动继电器又受控于发动机控制单元,因此要想起动机能正常工作,除了起动机本身及其电源线路正常以外,还要保证起动机的控制线路工作正常,即发动机控制单元能正常控制两个继电器的工作,从而向起动机发出正常的控制信号。而要想让发动机控制单元能发出正常的继电器控制信号,除了具备控制单元工作所需要的电源以外,还需要发动机控制单元能接收到起动信号指令,否则起动机都无法工作。

起动系统工作流程如下:2个起动继电器线圈86号端子通过熔丝SC49提供12V电源,点火开关拨至起动挡后,J623控制2个起动继电器线圈的85号端子搭铁,起动继电器吸合,电流从蓄电池经继电器J906、J907的30、87触点到起动机的50端子,形成回路,起动机运转。

起动系统电路分析

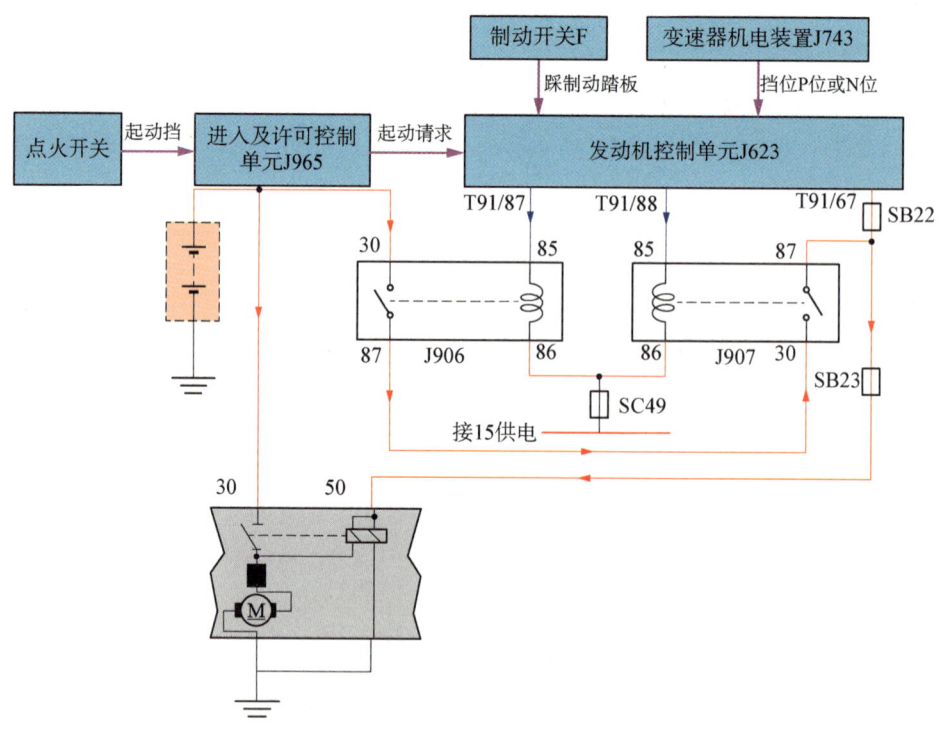

图2-3 双继电器起动系统原理图

二、故障分析

起动系统常见故障有:在起动挡时,起动机不转、运转无力或空转。

(一) 起动机不转

起动机不转的现象是:点火开关旋至起动挡时,起动机不转。故障原因主要包括:

(1) 电源部分的故障,可能为起动机 B+ 供电及搭铁故障。

(2) 控制线路部分的故障,可能为起动继电器自身及其相关控制线路故障。

(3) 起动机自身故障。

(二) 起动机转动无力

起动机转动无力的现象是:接通起动开关,起动机转动缓慢或不能连续运转。故障原因主要包括:

(1) 电源部分的故障。比如蓄电池存电不足,电源导线接头松动、脏污,接触不良等。

(2) 起动机部分的故障。比如电磁开关触点、接触盘烧蚀接触不良,电磁开关线圈局部短路;换向器表面烧蚀、脏污;电刷磨损过多,弹簧过软,使电刷与换向器接触不良;电枢绕组或磁场绕组局部短路,使起动机功率下降;电枢轴弯曲、轴承间隙过大,导致转子与定子碰擦;起动机轴承过紧,转动阻力过大等。

(三) 起动机空转

其故障现象是:接通点火开关起动挡,起动机只是高速空转,不能带动发动机运转。起动机空转故障原因主要包括:

单向离合器打滑或损坏;拨叉变形或拨叉连动机构松脱;起动机驱动齿轮与飞轮齿圈之间的行程调整不当,或驱动齿轮不能自由活动;电磁开关铁芯行程太短;起动机驱动齿轮或发动机齿圈严重磨损或打坏。

案例 1 起动继电器故障检修

(一) 故障现象

一辆迈腾 B8 车辆,打开点火开关,方向盘解锁正常,仪表显示无异常,起动发动机,起动机不运转,起动机内无触点吸合声音。

(二) 故障分析

根据故障现象进行故障的初步分析,由于起动时起动机内无触点吸合的声音,围绕该现象分析,故障的可能原因有:起动机控制线路故障;起动机电源及接地故障;起动机自身故障等。如图 2-4 所示为起动系统电路原理图。

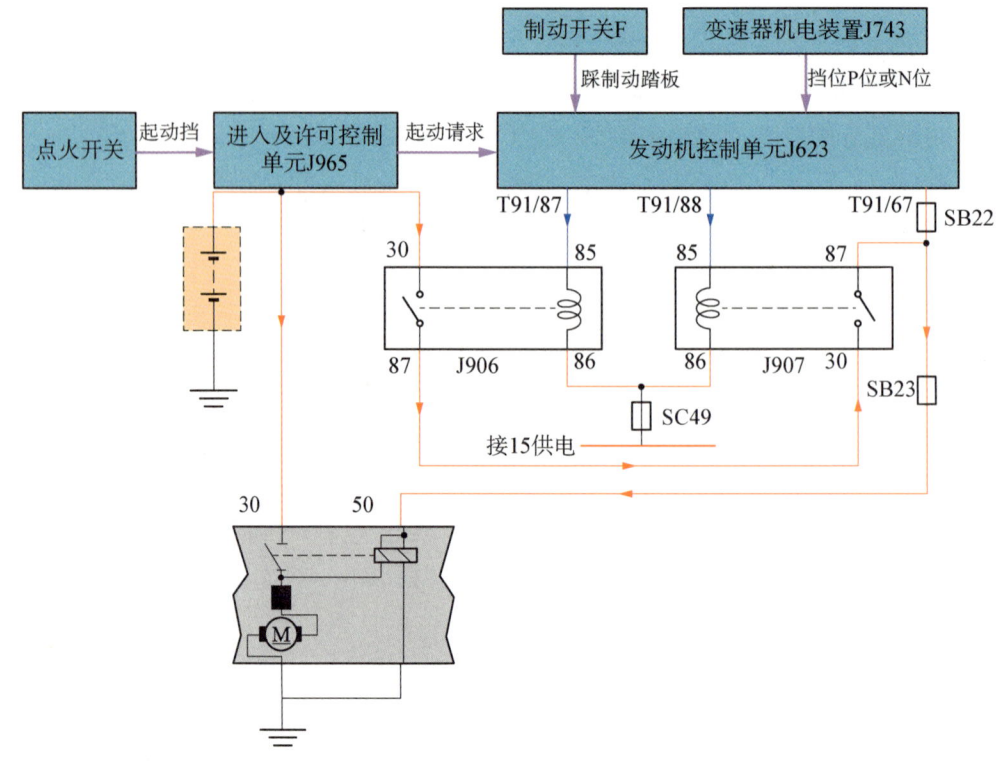

图 2-4 起动系统电路图

(三) 故障诊断流程

第一步：打开点火开关，扫描网关列表，读取故障码。故障码为起动继电器电路电气故障。

对于具有自诊断功能的系统而言，读取故障记忆是所有检测工作的第一步，如果有故障码，应清楚故障码的定义和生成的条件，并基于此展开诊断和故障检修。

故障码说明在发动机起动过程中，J623 没有接收到正常的起动系统反馈信号，加上起动机不转，说明起动机的 50 端子可能没有收到起动控制信号，下一步需要验证故障码的真实性。

第二步：验证故障码的真实性，验证方法有 2 种。

第一种方法：读 170 起动数据组，如图 2-5 所示。

1 区：50 请求正常；2 区：50 反馈异常；
3 区：J906 接通；4 区：J907 接通。

上述数据说明，J623 已经接收到了 50 请求信号，并给 J906 和 J907 的线圈提供了控制信号，但 50 反馈信号异常，说明起动继电器 J906、J907 及其相关线路可能存在故障。

第二种方法：测量 J623 的 T91/67 的对搭铁电压。

在起动发动机的过程中，测量 J623 的 T91/67 的对搭铁电压，正常情况下该端子电压应从点火开关 ON 挡时的 0V 切换到起动时的 +B，否则都说明系统存在故障。

图 2-5 起动相关数据流

实测结果：起动时，J632 的 T91/67 对搭铁电压接近 0 V。说明发动机未接收到起动反馈信号，下一步测量 J907 继电器的 87 号端子对搭铁电压。

第三步：测量 J907 继电器的 87 号端子对搭铁电压。

在起动发动机的过程中，用万用表测量 J907 的 87 号端子的对搭铁电压，正常情况下该端子电压应从打开点火开关时的 0 V 切换到起动时的＋B，否则说明系统存在故障。

如果该端子电压从 0 跳跃到＋B，说明起动机的 50 端子及 J632 的 T91/87 至 J907 继电器触点之间的电路存在故障。

如果该端子的电压始终维持为零电压，说明 J907 继电器及其相关电路可能存在故障，可能的故障原因为：

（1）J907 继电器自身故障。

（2）J907 继电器电源电路故障。

（3）J907 继电器控制电路故障。

实测结果为：J907 继电器的 87 号端子对搭铁电压始终为零，可能为继电器自身及其相关线路存在故障，下一步对 J907 继电器供电及控制信号进行测量。

第四步：测量 J907 继电器供电及控制信号。

测量继电器的 30、85 及 86 号端子的对搭铁电压。测量条件为点火开关从 ON 挡到起动挡。各端子标准电压值见表 2-1。

表 2-1 起动继电器端子标准电压值

测量端子	测量条件	标准结果
85 号端子对搭铁电压	ON 挡到起动挡	+B 到 0 V 变化
86 号端子对搭铁电压	ON 挡到起动挡	+B 到 +B 变化
30 号端子对搭铁电压	ON 挡到起动挡	空载电压到 +B 变化

如果测量 30 号端子电压始终为空载电压,则说明 J907 继电器触点供电异常,可能原因:

(1) 继电器 J907 的 30 号端子与继电器 J906 的 87 号端子之间的电路存在故障。

(2) J906 继电器自身及其相关线路存在故障。

如果 86 号端子对搭铁电压由 ON 挡的 +B 切换到起动挡的低于 +B 较多的电压值,说明起动继电器 J907 的线圈供电存在故障,应予以检修。

如果测量 85 号端子对搭铁电压始终维持在蓄电池电压,说明 J907 继电器没有接收到 J623 的控制信号,可能原因为:

(1) J907 的 85 号端子与 J623 的 T91/88 之间电路故障。

(2) J623 自身及电源电路故障。

实测结果为:实测继电器 J907 的 85 号端子、86 号端子、30 号端子电压均正常,说明继电器 J907 自身损坏。

第五步:对 J907 继电器进行单件测试,如图 2-6 所示。

使用万用表电阻挡测量继电器 85 号端子和 86 号端子之间的电阻,正常值为 60~200 Ω,测试结果阻值为无穷大,说明继电器线圈损坏。更换继电器后,起动发动机时,起动机可以正常运转,故障排除。

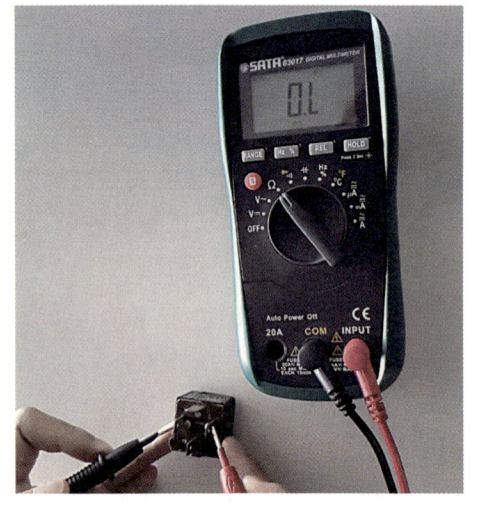

图 2-6 起动继电器单件测试

案例 2　发动机控制单元 J623 电源故障检修

(一) 故障现象

一辆迈腾 B8 车辆,打开点火开关,方向盘解锁,方向盘助力异常,仪表显示变速器损坏;制动指示灯不亮,EPC 灯不亮;起动挡时,起动机不转。

(二) 故障分析

打开点火开关后,方向盘解锁,说明防盗验证通过,EPC 灯不亮且起动机不转,可能为

J623 没有正常工作。在 J623 自身完好的情况下，控制单元正常工作时必须保证其供电和搭铁正常，如图 2-7 所示，控制单元的供电由三部分组成，一路由熔丝 SB17(7.5 A) 提供，一路由车载电网控制单元 J519 端子 T73a/14 提供，最后一路由主电源通过蓄电池正极到主继电器 J271 触点，再经过 SB3(15 A) 熔丝来提供。其控制电路如图 2-7 所示。

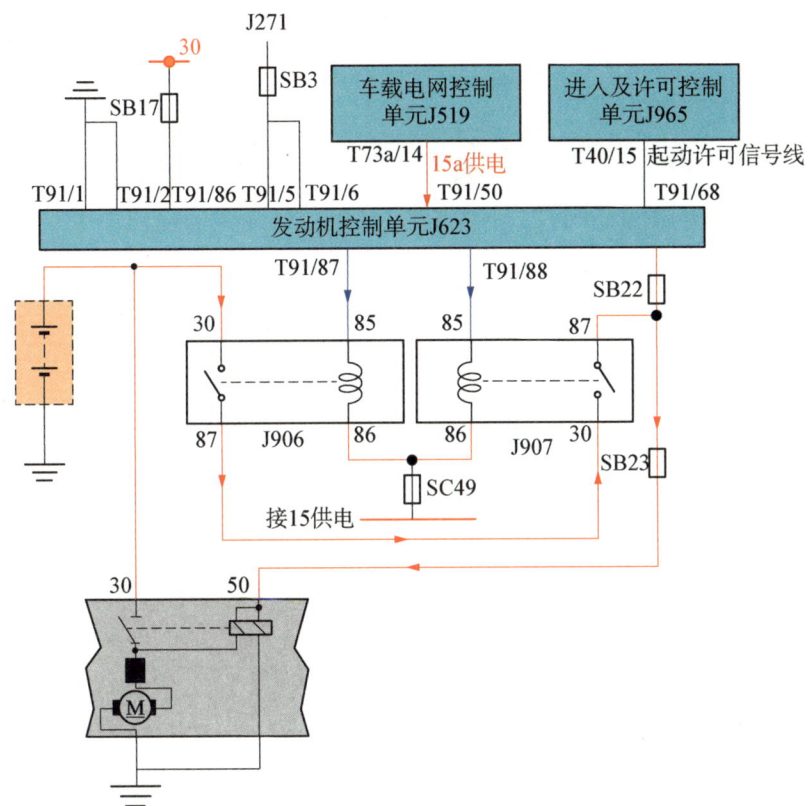

起动许可信号线路故障诊断分析

图 2-7 起动系统电路图

（三）故障诊断流程

第一步：打开点火开关，扫描发动机列表，读取故障码，故障诊断仪无法到达 J623，但其他控制单元通信正常，且在地址码 19 网关读取出发动机控制单元无通信的故障码，如图 2-8 所示。

图 2-8 故障码

由于故障诊断仪能进入其他系统,但无法进入发动机系统,可能原因为:发动机控制单元自身故障,发动机控制单元电源电路故障,CAN-BUS系统局部故障。

第二步:检查J623的电源供给。分别测量控制单元J623的T91/86号端子对搭铁电压(标准值:+B),J623的T91/5和T91/6号端子对搭铁电压(标准值:+B),J623的T91/50号端子对搭铁电压(标准值:+B),J623的T91/1和T91/2号端子对搭铁电压(标准值:0V)。

如果测量结果均正常,则需要测量CAN总线波形,判断CAN总线通信是否正常。

实际测量控制单元J623的T91/86号端子对搭铁电压为0V,下步需测量上游供电SB17熔丝。

第三步:测量SB17熔丝两端对搭铁电压(标准值:+B)。如果熔丝输入和输出端的对搭铁电压均为+B,则说明熔丝SB17至J623线路断路;如果熔丝输入和输出端的对搭铁电压均为0V,这说明熔丝供电线路断路,需检查熔丝上游供电;如果测量熔丝输入端的对搭铁电压为+B,输出端的对搭铁电压为0V,这说明熔丝损坏,需检查用电负载。

实测熔丝一端对搭铁电压为0V,一端为+B,说明SB17熔丝损坏,需要更换熔丝。

第四步:更换熔丝SB17,更换熔丝前需要测量J623的T91/86号端子对搭铁电阻,应大于2Ω。

由于熔丝熔断,一般是线路短路或负载过大引起的,所以必须对线路及设备进行对搭铁电阻检查,防止更换熔丝后再次烧毁线路、熔丝及用电设备。

如果测量J623的T91/86号端子对搭铁电阻大于2Ω,说明熔丝是正常损坏的,可以直接更换熔丝。

如果测量J623的T91/86号端子对搭铁电阻小于2Ω,说明熔丝下游存在对搭铁虚接或短路,需要进一步检查下游线路。

实测对搭铁电阻大于2Ω,说明熔丝正常损坏,更换熔丝后,重新起动发动机,起动机正常运转,发动机正常起动,故障排除。

任务 2　发动机无法起动故障诊断与排除

1. 素质目标
(1) 培养学生的逻辑思维能力和创新能力。
(2) 培养学生具备诚信、严谨、规范、求真的职业精神。
(3) 培养学生具备能主动获取信息、团队协作与沟通交流的能力。

2. 知识目标
(1) 了解发动机不能起动故障的常见原因。
(2) 掌握汽车点火系统的构成和工作原理。
(3) 掌握汽车燃油供给系统的构成和工作原理。
(4) 掌握发动机电子控制系统的构成和工作原理。
(5) 掌握车辆无法起动故障的诊断方法。

3. 能力目标
(1) 能对车辆无法起动常见故障成因进行判断分析。
(2) 能制定车辆无法起动常见故障的诊断流程。
(3) 能正确使用故障诊断检测设备进行故障的诊断与排除。

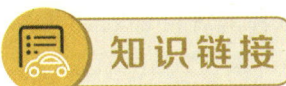

一辆轿车，起动车辆时起动机可以正常运转，但是车辆无法正常起动。请制定出故障的诊断流程，并对本车辆进行维修，填写故障诊断排除报告。

知识链接

一、工作原理

车辆在出现无法起动故障时，现象往往表现为以下几个方面：第一类是起动车辆时，起动机可以正常运转，但是发动机没有任何的着车征兆；第二类是起动车辆时，可以正常起动，但起动后会逐渐熄火或者突然熄火;还有一类是起动车辆时需要较长的时间才可以起动,出现起动困难的现象。造成车辆无法起动的故障原因主要有:点火系统故障、燃油系统故障、发动机控制系统故障以及机械系统故障。本节内容主要学习点火系统、燃油供给系统、发动机控制系统的工作原理及故障的诊断方法。

(一) 点火系统工作原理

如图 2-9 所示,点火系统主要由三部分组成,第一部分是传感器,负责采集发动机的工况信息,包括曲轴位置传感器、凸轮轴位置传感器和空气流量计等。第二部分是发动机 ECU,它是电控点火系统的控制中枢。在发动机工作时,它不断接收各输入信号输入的信息,并进行运算、分析和比较,按内部存储的程序计算出最佳的控制参数,并向执行元件发出控制指令。第三部分是点火执行元件,来接收 ECU 控制信号,产生电火花,点燃混合气。

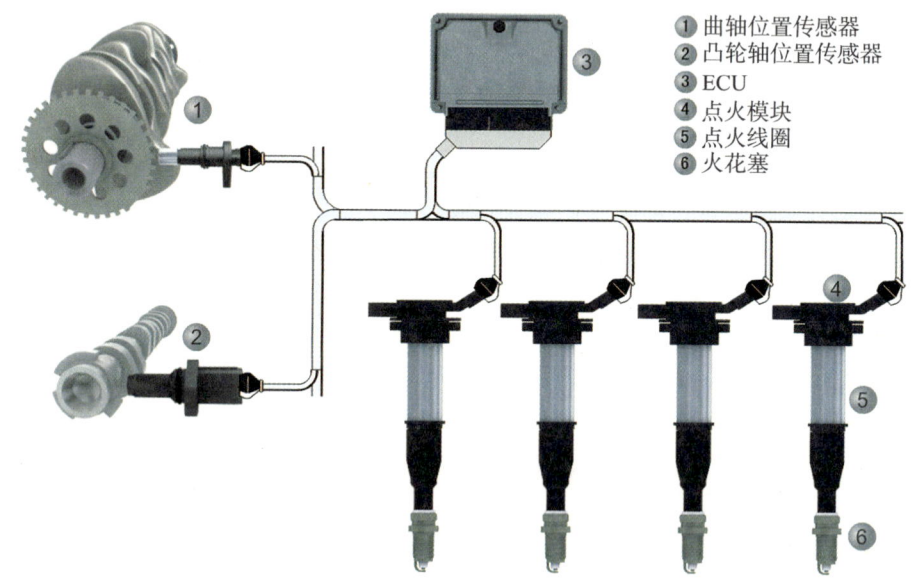

图 2-9 点火系统组成

如图 2-10 所示,发动机 ECU 给点火控制器触发信号导通时,初级电路通电产生磁场,储存能量。当点火控制器晶体管截止时,初级电路突然切断,初级绕组电流迅速下降为零,铁芯中磁通迅速衰减,此时由于次级绕组匝数多,所以在次级绕组中感应出很高的电压,击穿火花塞电极间隙产生电火花点燃可燃混合气,发动机对外输出做功。

图 2-11 所示为点火系统工作电路,该点火系统主要有 4 个点火线圈、发动机控制单元 J623、点火组件继电器 J757、主继电器 J271、蓄电池及熔丝等。其中点火组件继电器 J757 为 4 个点火线圈的初级绕组 4 号端子供电,发动机控制单元为点火线圈提供控制信号,点火线圈的 3 号端子为点火模块的搭铁线,1 号线为次级绕组的搭铁线。每个点火线圈要想正常工作,都必须要有供电、控制信号及搭铁。

点火系统工作原理

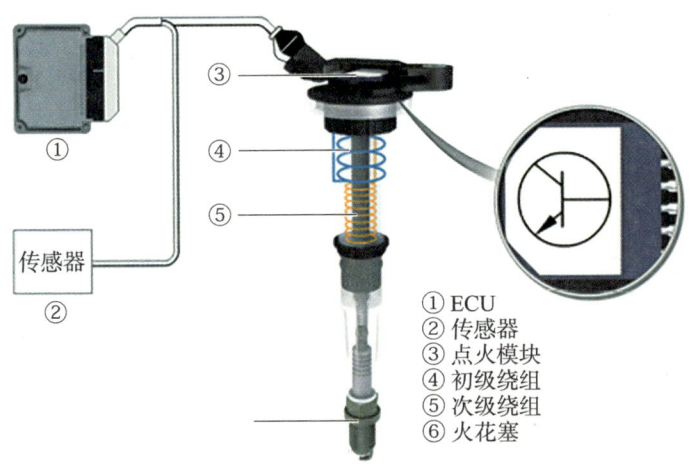

图 2-10 点火系统工作原理

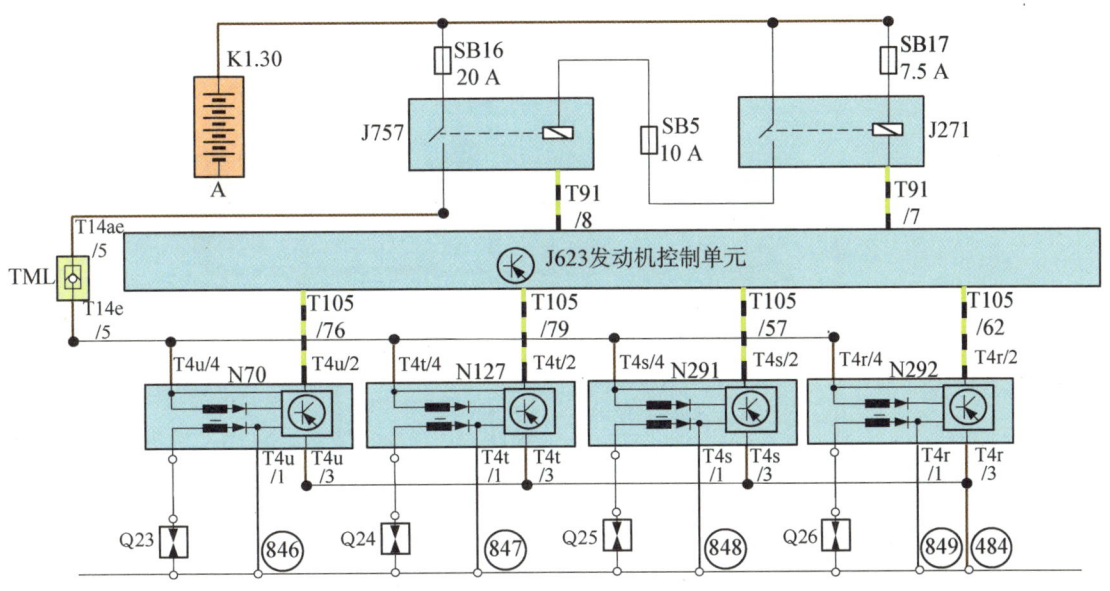

图 2-11 点火系统工作电路

4个点火线圈的供电都是通过继电器 J757 的 87 号端子提供的，具体工作过程如下：当打开点火开关或者起动发动机后，主继电器 J271 吸合，此时由蓄电池经过主继电器 J271，经过 SB5 熔丝给 J757 继电器线圈供电，同时发动机控制单元为继电器 J757 线圈提供控制信号，继电器 J757 闭合。此时由蓄电池通过 SB16 熔丝经过 J757 继电器的 87 号端子为点火线圈提供供电。如果公共的供电部分出现故障将会导致点火系统不能正常工作，造成车辆无法正常起动。

同时每个点火线圈都有两根搭铁线，这些搭铁线最终汇总到一起连接到发动机缸体的搭铁点上。如果这个搭铁点或线路出现故障，则会造成所有的点火线圈均无法工作，因此点火线圈公用搭铁异常也是造成发动机无法起动的一个主要原因。

(二)燃油供给系统工作原理

1. 低压燃油供给系统

燃油供给系统的功用是根据发动机运转工况的需要,向发动机供给一定数量的、清洁的、雾化良好的燃油,以便与一定数量的空气混合形成可燃混合气。同时,燃油供给系统还需要储存相当数量的燃油,以保证汽车有相当远的续驶里程。随着技术的不断发展,电控燃油供给系统已被普遍使用。

如图 2-12 所示为传统汽车的燃油供给系统,主要是由燃油箱、电动燃油泵、燃油滤清器、燃油分配管、燃油压力调节器、喷油器和输油管等组成,有的还设有油压脉动缓冲器。传统汽车燃油系统燃油压力较低,一般在 300 kPa 左右。电动燃油泵将燃油箱中的燃油泵入燃油滤清器。燃油滤清器对流过的燃油进行过滤,过滤后的燃油进入燃油分配管,在压力调节器的作用下,燃油分配管中的燃油压力维持在规定范围内。燃油分配管将燃油分配给各缸喷油器。喷油器根据电控单元的指令将燃油适时地喷入进气管中。当油路中油压升高时,压力调节器自动调节,将多余燃油送回油箱,从而保持送给喷油器的燃油压力基本不变。

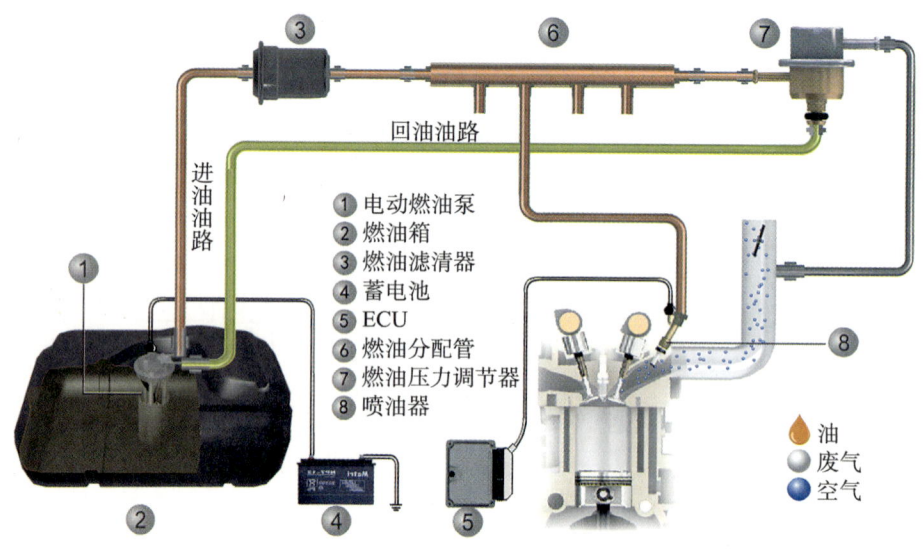

图 2-12 传统燃油供给系统

如图 2-13 所示为电动燃油泵继电器控制的电动燃油泵控制电路。发动机控制单元(ECU)控制电动燃油泵继电器线圈的接通和断开,从而控制电动燃油泵继电器触点的接通和断开,当继电器触点接通后,电动燃油泵得到蓄电池提供的 12 V 电压开始工作。在此控制电路中,电动燃油泵只有运转和不运转两种工作情况,工作时电动燃油泵以最大功率运转。

如图 2-14 所示为具有转速控制功能的电动燃油泵控制电路,该系统可以根据发动机转速和负荷的变化,通过燃油泵继电器改变电动燃油泵供电电路,实现电动燃油泵不同的工作

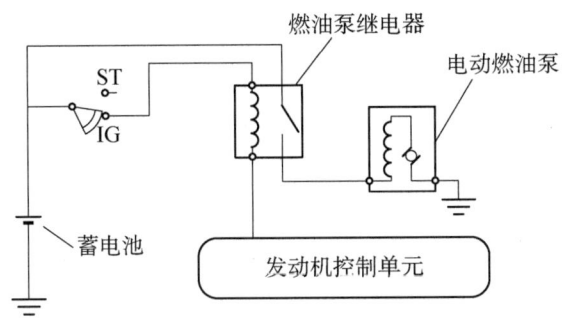

图 2-13 继电器控制的电动燃油泵控制电路

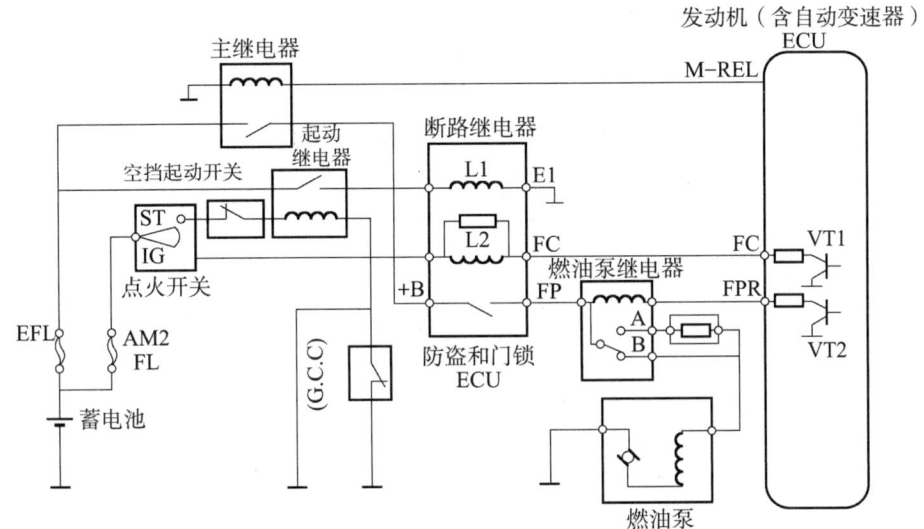

图 2-14 具有转速控制功能的电动燃油泵控制电路

转速。点火开关接通后即通过主继电器将断路继电器的+B端子与电源接通,起动时断路继电器中的 L1 线圈通电,发动机正常运转时,ECU 中的晶体管 VT1 导通,断路继电器中的 L2 线圈通电,使断路继电器触点闭合,燃油泵继电器 FP 端子与电源接通,电动燃油泵工作。发动机熄火后,ECU 中的晶体管 VT1 截止,断路继电器内的 L1 和 L2 线圈均不通电,其开关断开电动燃油泵电路,电动燃油泵停止工作。发动机 ECU 控制燃油泵继电器,发动机低速、中小负荷工作时,ECU 中的晶体管 VT2 导通,燃油泵继电器线圈通电,使触点 A 闭合,由于将电阻串联到电动燃油泵电路中,所以电动燃油泵两端电压低于蓄电池电压,电动燃油泵低速运转。发动机高速、大负荷工作时,ECU 中的晶体管 VT2 截止,燃油泵继电器触点 B 闭合,直接给电动燃油泵输送蓄电池电压,电动燃油泵高速运转。

2. 大众 FSI 燃油系统

如图 2-15 所示为大众缸内直喷燃油供给系统,主要由燃油箱、电动燃油泵、燃油滤清器、燃油压力调节器和低压喷油器、高压泵、高压喷油器等组成。按照供油管路压力的不同,

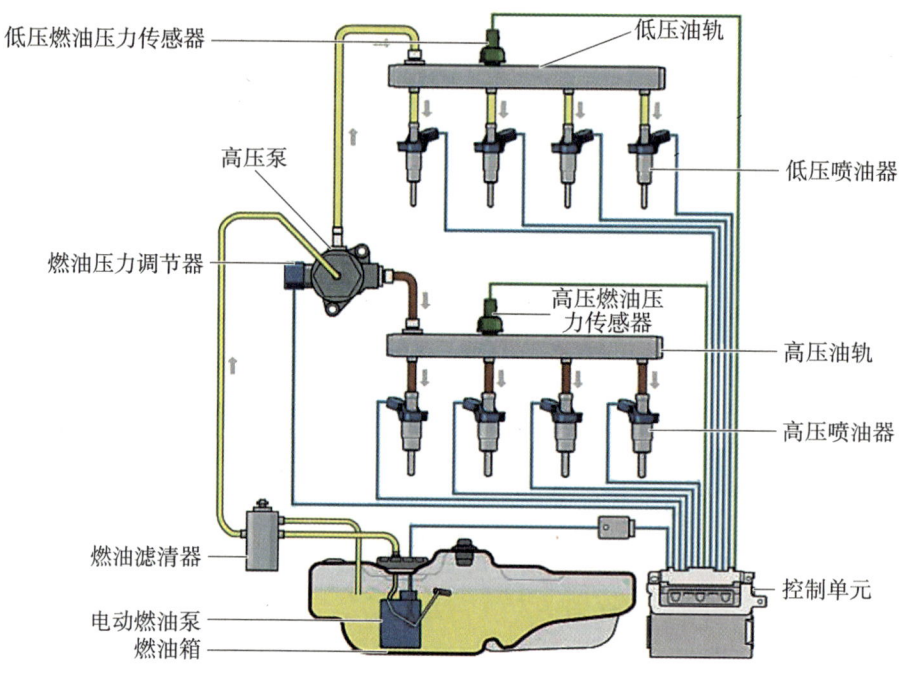

图 2-15 为缸内直喷燃油供给系统

可分为低压燃油供给系统和高压燃油供给系统。

低压燃油供给系统主要由电动燃油泵、燃油滤清器、燃油压力调节器和低压喷油器等组成。燃油从燃油箱中被电动燃油泵吸出,先由燃油滤清器将杂质滤除后再通过输油管送到各个喷油器。喷油器则根据 ECU 发出的指令,将计量后的燃油喷入各气缸并与流入发动机内的空气进行混合,形成可燃混合气。利用燃油压力调节器可将喷油压力控制在一定的范围内,发动机在正常工况下喷油量只取决于各喷油器通电时间长短,而多余的燃油从燃油压力调节器经回油管送回燃油箱。

高压燃油供给系统主要由高压泵、高压油轨及高压喷油器组成。高压泵将低压电动燃油泵输入的燃油加压,然后将燃油经高压油轨送到安装在气缸内的高压喷油器,发动机 ECU 控制喷油器的开启,将高压燃油直接喷射到气缸内。高压燃油供给系统的作用是将电动燃油泵建立的低压增加到喷油器喷射所需要的压力,高压燃油供给系统的油压范围可以达到 30~110 bar(1 bar=0.1 MPa)(取决于负荷和转速)。

(1) 油泵控制单元 J538。如图 2-16 所示为控制单元 J538,其安装在电动燃油泵上面,通过脉宽调制信号(pulse-width modulated,PWM)来控制电动燃油泵的运行,使低压燃油系统的油压达到 0.5~6.5 bar。在冷、热起动时低压燃油系统的压力可以达到 6.5 bar。如果 J538 失效则发动机不能起动或起动后熄火。

当打开点火开关时,J271 主继电器工作,通过 SB10 熔丝给燃油泵控制单元提供点火开关电源信号,使燃油泵控制单元 J538 进入工作状态,当燃油泵控制单元 J538 接收到发动机控制单元的通信信号时,就向燃油泵发出控制电压,控制油泵运转,根据转速和负荷的大小,油泵的转速会进行适当的调整,其控制电路如图 2-17 所示。

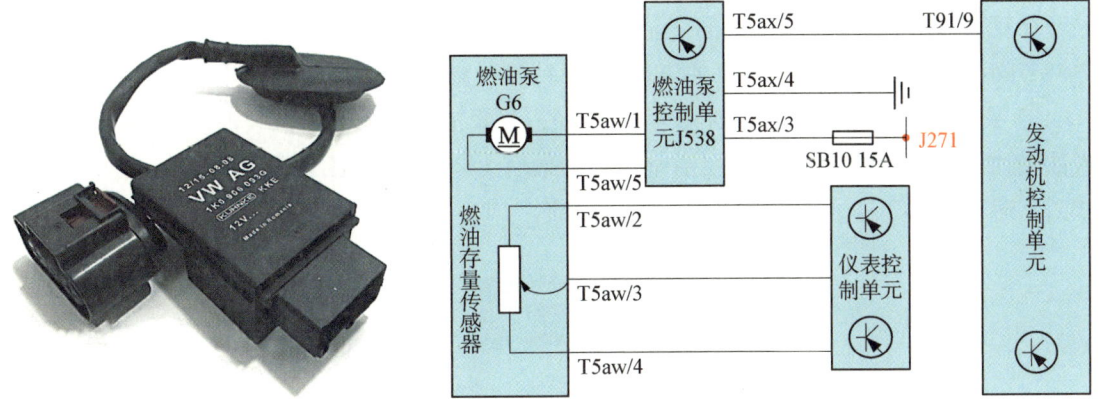

图 2-16 迈腾 B8 油泵控制单元 J538　　　图 2-17 大众迈腾电动燃油泵控制电路

（2）电动燃油泵总成 G6。电动燃油泵总成由燃油泵、滤网、燃油箱液位传感器构成,燃油箱液位传感器可以监测燃油箱内油液平面的高低,滤网可以过滤颗粒较大的杂质,燃油泵的主要作用就是给燃油增压,通过油管、滤清器把燃油输送给高压泵。燃油泵受燃油泵控制单元控制,初期以最高转速运转,迅速给燃油系统建立初压,之后转速降低。发动机控制单元在运行过程中根据转矩和负荷需要调节油泵转速,使低压油路系统工作在最佳(0.5～6.5 bar)的状态下。

（3）高压泵。迈腾 B8 发动机高压泵采用单活塞泵,它由发动机凸轮轴上的方形凸轮以机械方式驱动。电动燃油泵给高压泵预供油,预供油压力约为 6 bar。发动机运行过程中,高压泵在燃油轨内产生喷油器喷射所需的压力。高压泵上有一个压力缓冲器,它可以吸收高压系统内的压力波动,使系统压力保持相对稳定。如图 2-18 所示为迈腾 B8 高压泵结构图和驱动图。高压泵油出口进冷油器,冷油器出来后进滤油器,从滤油器出来后分两路,一路减压后供润滑油,一路成为控制油。油路里可能还有 1～2 个蓄能器。它的作用是提高燃

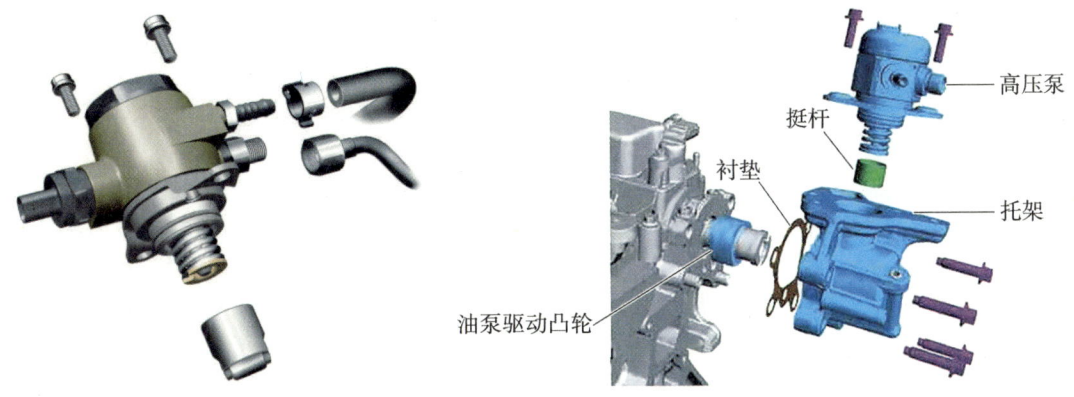

图 2-18 迈腾 B8 高压泵结构图和驱动图

油压力高压喷射达到雾化效果,高压泵主要用途是作为千斤顶、镦头器、挤压机、扎花机等液压装置的动力源。

高压泵的工作过程可以分为吸油、回油、泵油三个行程,在发动机运行过程中,三个行程循环往复,持续将低压燃油系统的燃油输送给高压燃油系统。在高压泵上还安装有燃油压力调节阀 N276,用于控制高压泵的流量,进而精确控制高压系统的燃油压力。

① 吸油行程。如图 2-19 所示为吸油行程,靠泵活塞的下行提供吸油的动力,同时打开进油阀,燃油被吸入了泵腔。在泵活塞行程的最后 1/3 段,燃油压力调节阀通电,使得在泵活塞向上运动的初期进油阀仍然打开来进行回油。

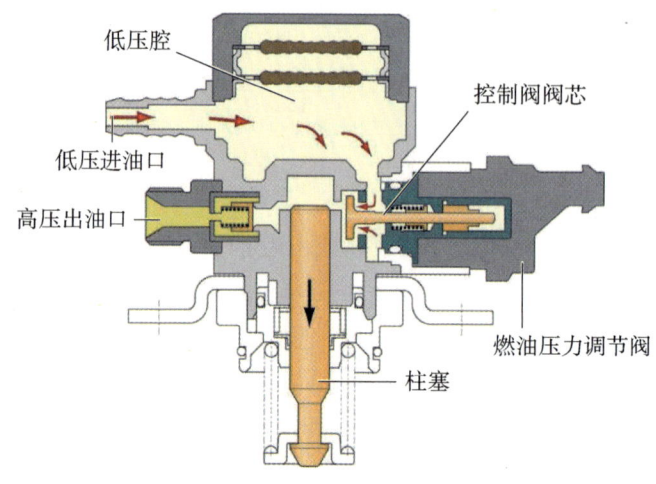

图 2-19 吸油行程

② 回油行程。如图 2-20 所示为回油行程,为了控制实际的供油量,进油阀在泵活塞向上运动的初期还是打开的,多余的燃油被泵活塞挤回低压端。压力缓冲器的作用就是吸收这个过程中产生的压力波动。

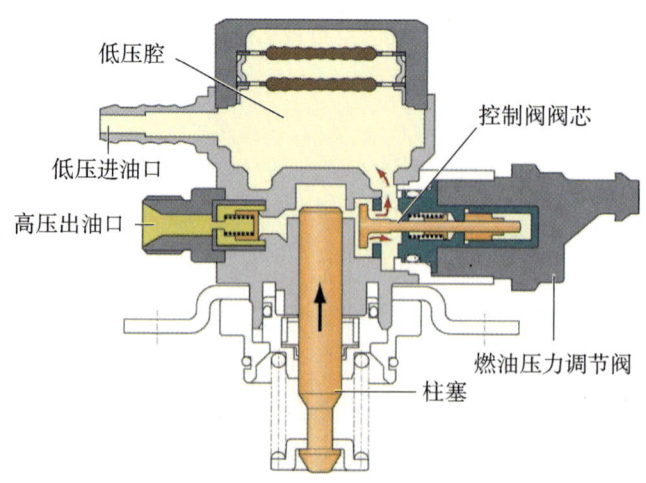

图 2-20 回油行程

③ 泵油行程。如图 2-21 所示为泵油行程,在泵油行程的初期,燃油压力调节阀断电,使得进油阀在泵腔内升高的压力和阀内的关闭弹簧共同作用下关闭。泵活塞上行在泵腔内产生压力,当压力超过油轨内压力时,出油阀就被打开,燃油被泵入油轨。

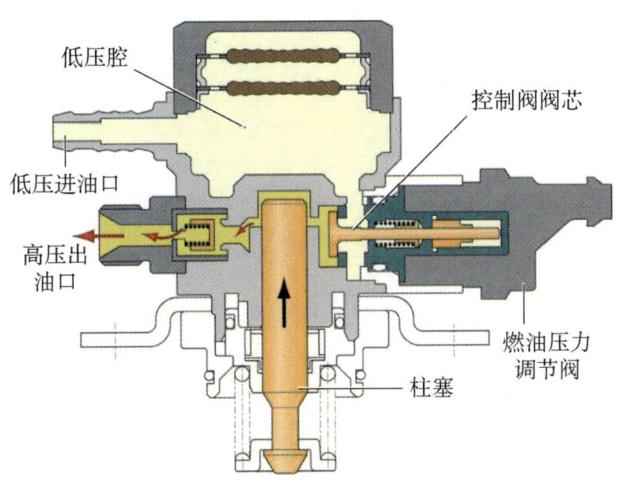

图 2-21 泵油行程

④ 压力限制阀。压力限制阀阀集成在高压泵内,或者安装在油轨上,它在约 140 bar 时打开,使高压燃油泻到泵腔,再回到低压管路。过高的压力一般发生在超速阶段或高温状态,如图 2-22 所示。

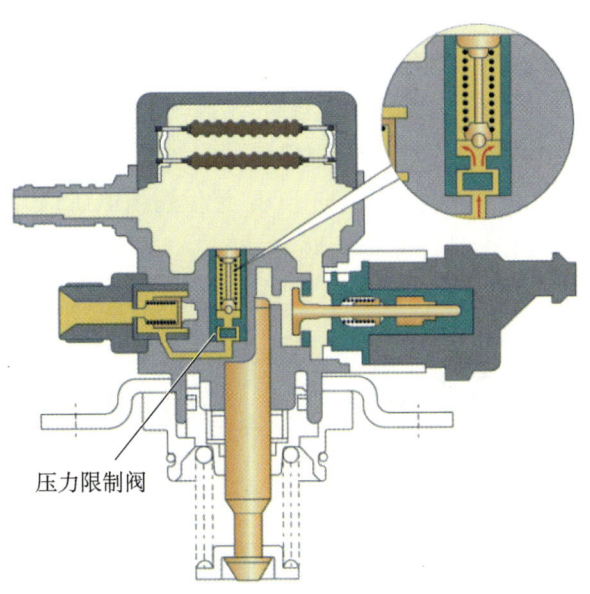

图 2-22 压力限制阀

如图 2-23 所示为大众迈腾电动燃油泵控制电路,燃油泵的工作通过 ECU 控制。其中 J538 为燃油泵控制单元,J538 通过 SB10 熔丝供电,通过 T5ax/4 号端子搭铁,发动机控制单

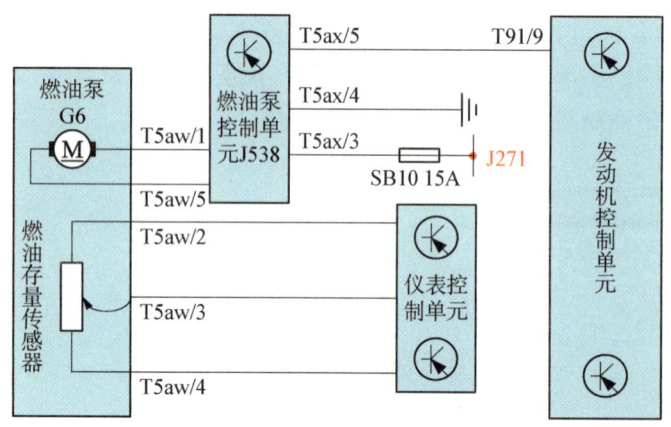

元 J623 的 T91/9 号端子通过 J538 的 T5ax/5 号端子为其提供燃油促动信号,促动信号的波形为 0—12V 的方波信号。J538 燃油泵控制单元在电源和搭铁线路正常的情况下,燃油泵控制单元接收发动机控制单元的指令,给燃油泵提供驱动电流,使燃油泵开始运转泵油。

图 2-23 大众迈腾电动燃油泵控制电路

燃油泵控制模块为燃油泵提供占空比信号控制电动燃油泵端子工作电压,从而可以实现电动燃油泵不同转速的控制。占空比越大,电动燃油泵转速越高。

(三)发动机曲轴位置传感器工作原理

曲轴位置传感器也称为发动机转速传感器,用来检测曲轴转角和发动机转速信号,输送给 ECU,以便确定燃油喷射时刻和点火控制时刻。曲轴位置传感器是发动机控制系统中最主要的传感器之一,是确认曲轴转角位置和发动机转速不可缺少的信号之一。发动机控制单元用此信号控制燃油喷射量、喷油正时、点火时刻、点火线圈充电闭合角、怠速转速和电动燃油泵的运行。

1. 磁感应式曲轴位置传感器

磁感应式曲轴位置传感器是利用信号转子产生脉冲信号。信号转子凸齿靠近磁极时,磁阻变小,磁通量变大;信号转子凸齿远离磁极时,磁阻变大,磁通量变小。信号转子的凹槽随曲轴旋转到与传感器相对的位置时,使通过传感器内线圈的磁通量发生瞬时变化,产生交变电信号,从而通过线圈产生感应电动势,向 ECU 提供输出电压信号。磁感应式曲轴位置传感器结构和信号波形如图 2-24 和图 2-25 所示。

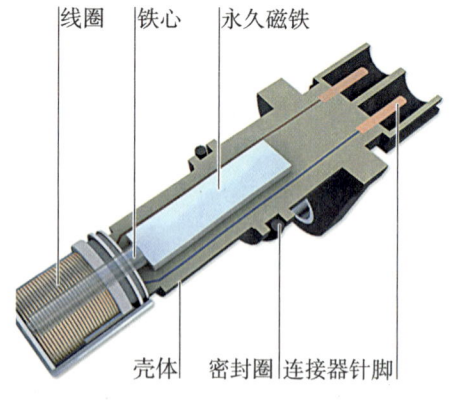

图 2-24 磁感应式传感器结构

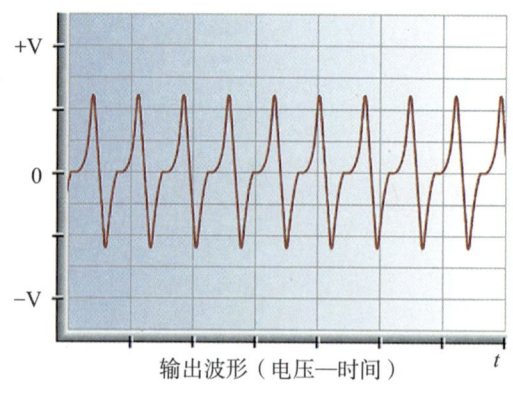

图 2-25 磁感应式传感器波形

2. 霍尔式曲轴位置传感器

如图 2-26 所示,霍尔式传感器的基本结构主要由转子、永久磁铁、霍尔晶体管和放大器等组成。转子安装在转子轴上。霍尔集成电路由霍尔元件、放大电路、稳压电路、温度补偿电路、信号变换电路和输出电路等组成。

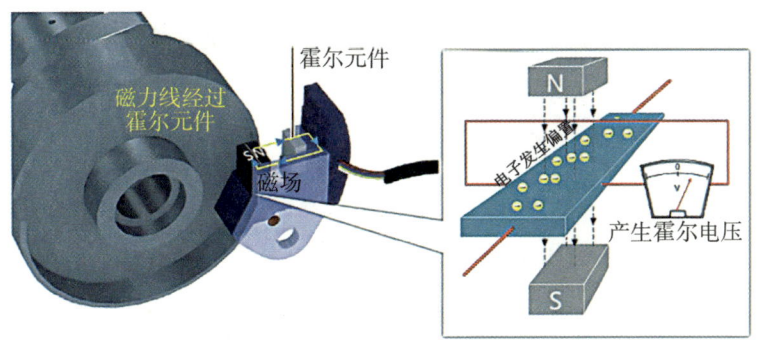

曲轴位置传感器
故障诊断分析

图 2-26 霍尔式传感器结构

当转子随转子轴一同转动时,转子上的叶片便在霍尔集成电路与永久磁铁之间转动,霍尔式集成电路中的磁场就会发生变化,霍尔元件中就会产生霍尔电压,经过信号处理电路处理后,就可输出方波信号。

当传感器轴转动时,转子上的叶片便从霍尔集成电路与永久磁铁之间的气隙中转过。当叶片进入气隙时,霍尔集成电路中的磁场被叶片旁路,霍尔电压 U_H 为零,集成电路输出级的晶体管截止,传感器输出的信号电压 U_0 为高电平(实测表明:当电源电压 $U_{cc}=14.4$ V 时,信号电压 $U_0=9.8$ V;当电源电压 $U_{cc}=5$ V 时,信号电压 $U_0=4.8$ V)。

当叶片离开气隙时,永久磁铁的磁通便经霍尔集成电路和导磁钢片构成回路,此时霍尔元件产生电压($U_H=1.9 \sim 2.0$ V),霍尔集成电路输出级的晶体管导通,传感器输出的信号电压 U_0 为低电平(实测表明:当电源电压 $U_{cc}=14.4$ V 或 $U_{cc}=5$ V 时,信号电压 $U_0=0.1 \sim 0.3$ V)。

在迈腾 B8 系统中包含曲轴位置传感器 G28 和两个凸轮轴位置传感器 G40、G300,其安装位置如图 2-27、2-28 所示。起动过程中,起动机带动发动机曲轴转动,再通过正时链带动凸轮轴转动。曲轴和两个凸轮轴会带动曲轴位置传感器 G28 和两个凸轮轴位置传感器 G40、G300 的信号轮转动,G28 将曲轴位置以及转速信号输送至发动机控制单元 J623,用以控制喷油脉冲宽度、点火正时、怠速转速和燃油泵运转;G40 和 G300 将凸轮轴位置以及转速信号输送至发动机控制单元 J623,用以确定气缸顺序,发动机控制单元通过比较两组位置信号,确定曲轴转角和一缸上止点位置,并控制喷油和点火系统的工作,如图 2-29 所示为曲轴位置传感器、凸轮轴位置传感器连接电路。

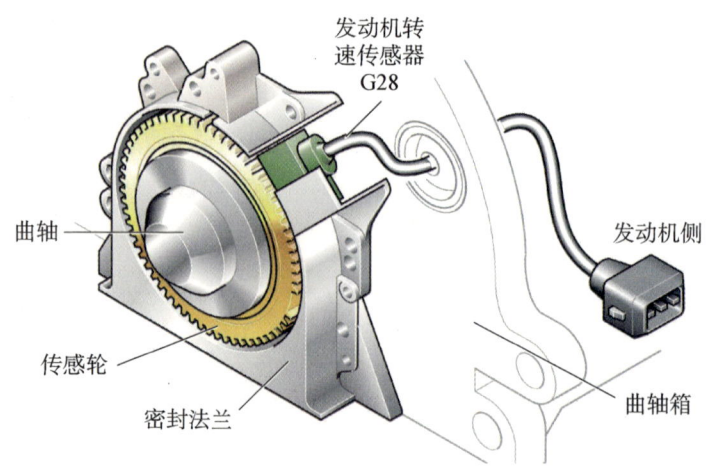

图 2-27　发动机转速传感器 G28 安装位置

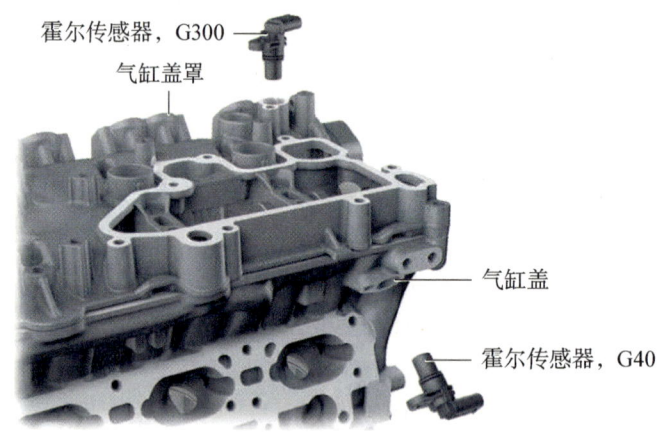

图 2-28　迈腾凸轮轴位置传感器安装位置

图 2-29　曲轴位置传感器、凸轮轴位置传感器连接电路

曲轴位置传感器 G28 采用霍尔式结构,由 J623 的 T105/35 端子供给电源(5 V)至传感器的 T3m/1 端子,通过传感器的 T3m/3 端子至 J623 的 T105/77 端子线路搭铁构成回路,J623 会通过 T105/70 端子提供信号线 5 V 参考电压,发动机转动时,曲轴位置传感器 G28 通过 T3m/2 端子输出周期性的搭铁信号,和 J623 提供的 5 V 参考电压形成周期性的方波信号,就是发动机的转速和曲轴位置信号,传递给发动机控制单元 J623。同理,凸轮轴位置传

感器 G40 和 G300 的工作原理类似于曲轴位置传感器 G28。

通过实验发现,如果发动机接收不到曲轴位置传感器、凸轮轴位置传感器任意一个传感器信号,发动机控制单元将使用另一个传感器信号进行代替,按预先设定的程序确定和控制点火、喷油正时,发动机还可以起动。如果两个转速传感器(凸轮轴位置传感器 G300 和 G28 或者是 G300 和 G40)信号同时出现故障,将导致发动机无法起动。

二、故障分析

在进行发动机无法起动故障的诊断时,如果可以起动,但是起动后车辆逐渐熄火,则需要优先考虑燃油供给系统的故障或者进排气系统的故障。如果在起动时丝毫没有起动的迹象,此时可能为点火系统、燃油系统、发动机控制系统以及机械系统故障造成的,可结合自诊断功能进行诊断,如果有故障码,则按照故障码的含义进行诊断;如果没有故障码,可进行高压跳火测试,高压跳火异常时,说明点火系统存在故障,需要对点火系统进行检查,若存在故障则进行对应检修;若点火系统正常,且高压跳火异常的情况下,则需要检查转速信号是否正常;如果高压跳火正常,在燃油量正常的情况下,则需要对燃油系统进行检查,若存在故障则进行对应检修;在排除点火系统、燃油系统、发动机控制系统故障的情况下,则需要对发动机机械系统检修检查,直到排除故障。基本诊断流程如图 2-30 所示。

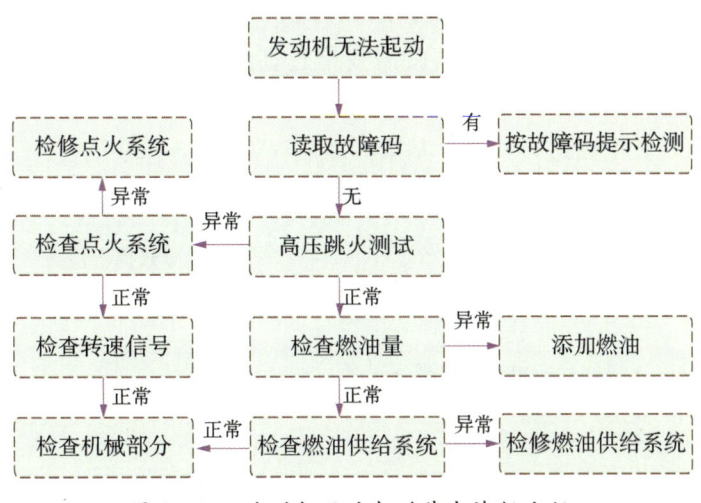

图 2-30 发动机无法起动基本诊断流程

在进行点火系统的故障诊断时,在蓄电池电压正常的情况下,可首先利用解码器读取故障码,如果系统有故障码则按照故障码的内容展开检测;如果系统没有故障码,可进行火花塞跳火检查,如果跳火正常则需要对其他系统进行检查;如果跳火异常,则需要对点火系统的公共部分进行检查,主要包括点火线圈的公共搭铁部分和点火线圈的公共供电部分,公共供电部分的检测主要围绕点火继电器自身及其相关电路部分展开。基本诊断流程如图 2-31 所示。

点火系统故障诊断分析

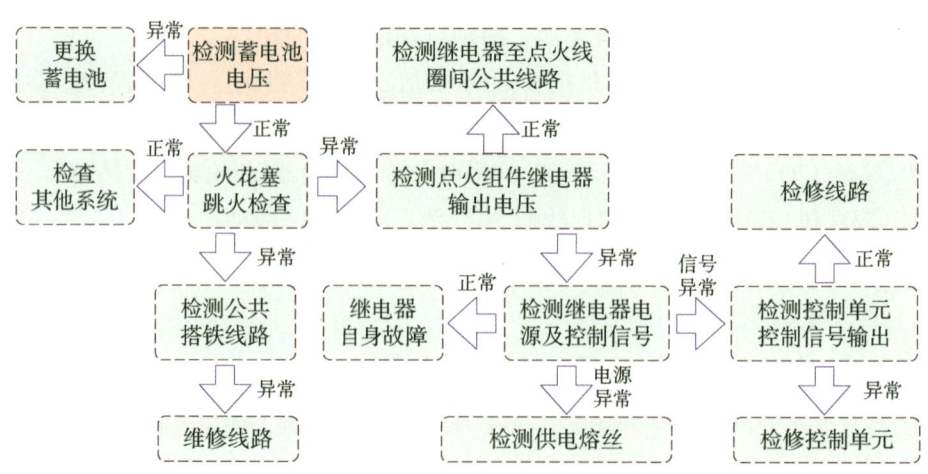

图 2-31　点火系统基本诊断流程

在进行燃油供给系统的故障诊断时,首先利用解码器读取故障码,如果系统有故障码则按照故障码的内容展开检测。如果系统没有故障码,可以利用解码器的主动测试功能驱动燃油泵,观察燃油泵能否正常运转,如果驱动测试时,燃油泵不运转,就需要对燃油泵自身及其控制电路进行检测;如果驱动测试时,燃油泵运转,则说明燃油泵自身及其控制电路正常,此时就要检测燃油系统的压力判断燃油压力是否正常。如果测试燃油压力正常,此时需要对喷油器及其电路进行检测;如果测试燃油压力异常,就需要检查燃油泵、压力调节器、燃油管路等有无泄漏情况。如果检查发现泄漏,则需要更换相关泄漏部件;如果没有泄漏,则需要对喷油器及其电路进行检测。基本诊断流程如图 2-32 所示。

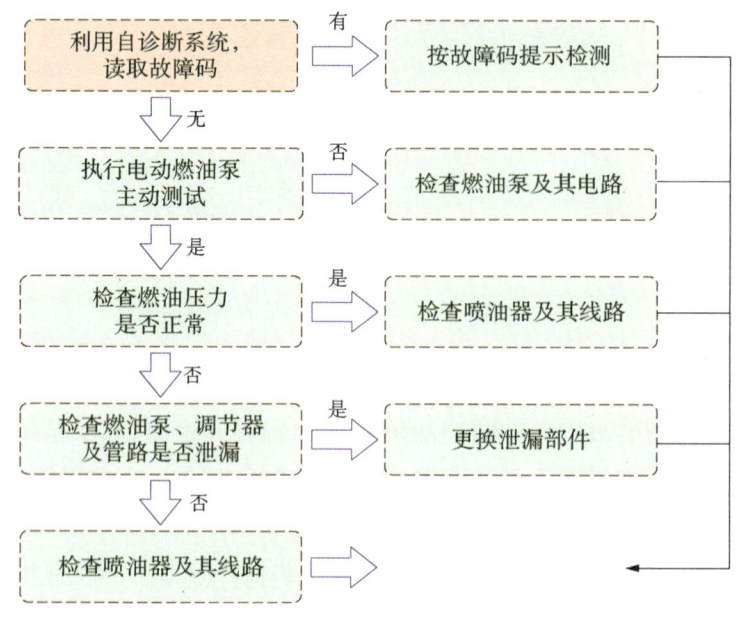

图 2-32　燃油供给系统基本诊断流程

案例 1　点火组件继电器 J757 线圈控制电路断路故障检修

（一）故障现象

一辆迈腾 B8 车辆，打开点火开关，方向盘解锁正常，仪表显示无异常；起动发动机时，起动机运转正常，但无任何着车征兆。

（二）故障分析

根据故障现象说明气缸内没有任何混合气燃烧的迹象，可能的原因有：点火系统故障；燃油系统故障；控制系统故障；机械系统故障。如果观察故障现象时注意到了燃油泵运转情况，那就可以结合在打开点火开关和起动发动机的过程中燃油泵可以运转的现象，说明燃油泵控制系统基本正常，但不能代表燃油系统压力正常及喷油正常，需要结合自诊断功能进行诊断，如果有故障码，则按照故障码的含义进行诊断。

（三）故障诊断流程

第一步：读取故障码。

如果有故障码，则按照故障码的含义进行诊断；如果没有故障码，则可以直接进行火花塞跳火实验，确定故障可能原因。测试结果为无故障码。

第二步：高压跳火测试。

起动过程中，检查火花塞跳火，发现火花塞均不跳火。说明所有火花塞均未点火，根据故障概率，说明故障可能在公共电源或搭铁，而且组件继电器 J757 给所有点火线圈供电，方便检测，且故障概率更高，因此从继电器 J757 开始检测。

第三步：如图 2-33 所示，测量 J757 继电器的 87 号端子对搭铁电压。标准值为：打开点火开关，+B 电压值。

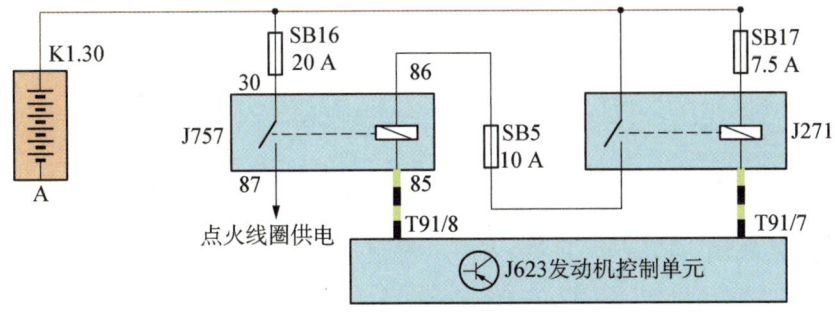

图 2-33　控制电路图

如果实测结果为+B电压值,说明J757继电器至4个点火线圈之间的公共线路存在故障。

如果实测结果为0 V电压值,说明J757继电器及其相关线路存在故障。

实测结果:J757继电器的87号端子对搭铁电压始终为零。

第四步:测量J757继电器供电及控制信号。ON挡到起动挡,各端子标准电压见表2-2。

表2-2　J757继电器端子标准电压值

测量端子	测量条件	测量结果
85号端子对搭铁电压	ON挡到起动挡	+B到0 V变化
86号端子对搭铁电压	ON挡到起动挡	+B到+B变化
30号端子对搭铁电压	ON挡到起动挡	+B到+B变化

检测继电器J757的85号端子电压,如果电压异常,说明J757继电器接收到的J623控制信号异常,下步需检测J623控制单元端控制信号输出。

检测继电器J757的86号端子电压,如果电压异常,说明J757的线圈供电存在故障,下步需检测上游供电熔丝SB5。

检测继电器J757的30号端子电压,如果电压异常,说明J757继电器触点供电异常,下步需检测其上游供电熔丝SB16。

如果检测继电器J757的85号端子电压、86号端子电压、30号端子电压均正常,则判断继电器自身损坏,需进行继电器的单件测试。

实测继电器J757的86号端子、30号端子电压均正常,85号端子电压异常,说明J757继电器接收到的J623控制信号异常。

第五步:测量J623的J757继电器控制信号输出。

打开点火开关,用万用表测量J623的T91/8端子对搭铁电压,正常电压值为0 V,实测正常。由于J757的85号端子至J623的T91/8端子之间的线路一端为0 V,一端为12 V,说明J757的85号端子至J623的T91/8端子之间的线路断路。

案例2　J538控制信号线路断路故障检修

(一) 故障现象

一辆迈腾B8车辆,打开点火开关,方向盘解锁正常,仪表显示无异常,无燃油泵运转声音;起动发动机时,起动机转,但没有任何着车的征兆,无燃油泵运转声音。

(二) 故障分析

如果观察故障现象时,没有关注到燃油泵运转情况,需要结合自诊断功能进行诊断,如果有故障码,则按照故障码的含义进行诊断;如果没有故障码,则可以直接进行火花塞跳火实验,确定故障可能原因。

如果观察故障现象时,关注到了燃油泵不转的现象,则可从燃油泵不工作开始进行诊断,由于燃油泵不转发动机也无法起动,因此可以先排除燃油泵故障,然后进行其他诊断,本故障案例以该种方法展开故障的诊断与检修,燃油系统控制电路图如图 2-34 所示。

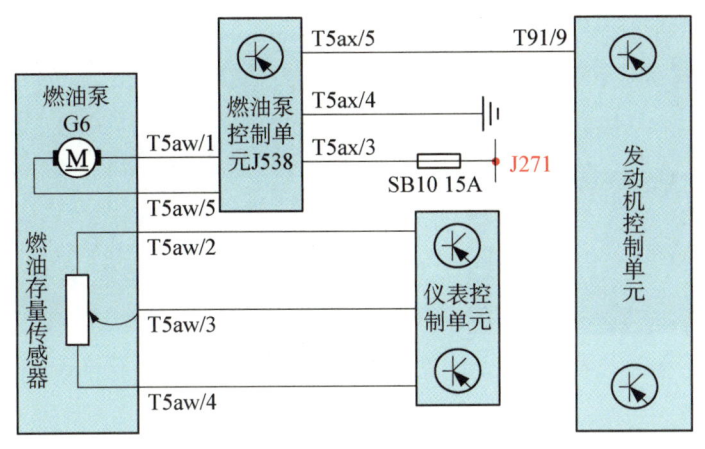

图 2-34 燃油系统控制电路图

燃油供给系统故障诊断分析

(三) 故障诊断流程

第一步:读取故障码。

读取故障码:燃油模块控制电路/断路、静态,如图 2-35 所示。

第二步:燃油泵主动测试。

打开点火开关,使用解码器执行元件驱动功能来测试燃油泵运行,测试过程中燃油泵没有运行声音,说明燃油泵及其控制电路可能存在故障。

第三步:测量燃油泵电动机两端电压。

故障码	描述	码库类型	维修建议
P025A00	燃油泵模块促动 - 电气故障/断路——主动/静态		无

国赛专用诊断系统>一汽-大众 V1.0.20.2>手动选择>01-发动机电控系统

图 2-35 燃油系统故障码

在打开点火开关时、开启车门时或者起动发动机过程中,用示波器测量燃油泵电动机两端之间的波形,正常情况如图 2-36 所示,为 0V→+B 矩形方波,测量结果为0V直线如图2-37所示,说明燃油泵没有得到工作电压,可能故障原因为J538及燃油泵驱动相关电路存在故障。

第四步:燃油泵促动信号的检测。

打开点火开关,用示波器测量J538的T5ax/5端子对搭铁波形,正常情况下,如图2-38所示,该端子波形为从0V到+B的矩形方波信号,否则说明该信号电路存在故障。

如果该端子波形为从0V到+B的矩形方波信号,说明J538存在故障。

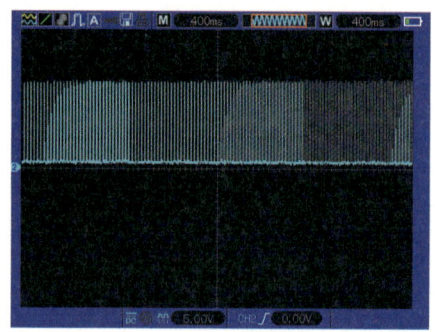 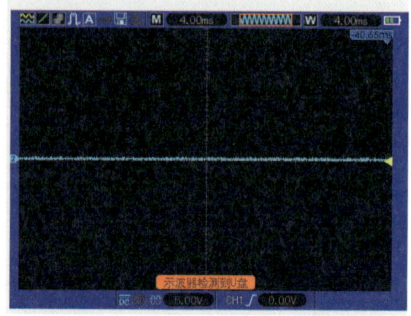

图2-36 标准波形　　　　　　　　　图2-37 测量得到的波形

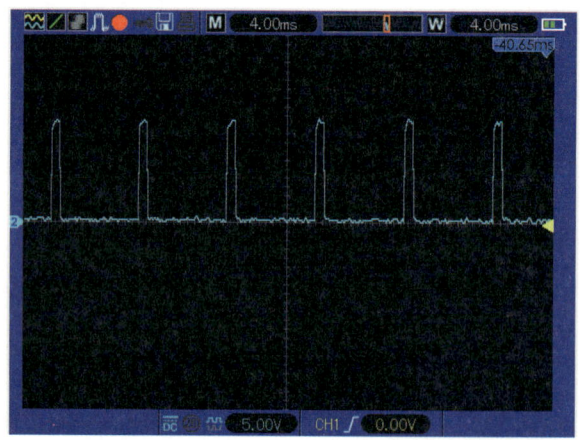

图2-38 J538的T5ax/5端子对搭铁标准波形

如果该端子波形为+B的直线或部分蓄电池电压到+B的矩形方波,说明J538没有收到来自J623的正常触发信号。

如果该端子波形为0V到部分蓄电池电压的矩形方波,说明J538的供电或自身存在故障。实测结果是:该端子波形为+B的直线,如图2-39所示。

第五步:检查J623发出的燃油泵促动信号。

打开点火开关,用示波器测量J623的T91/9对搭铁波形,正常情况下,该端子波形为从0V到+B的矩形方波信号,否则说明该信号电路存在故障。

实测结果为:该端子波形为0V→2.5V矩形方波信号,如图2-40所示。

项目二　发动机管理系统故障诊断与排除

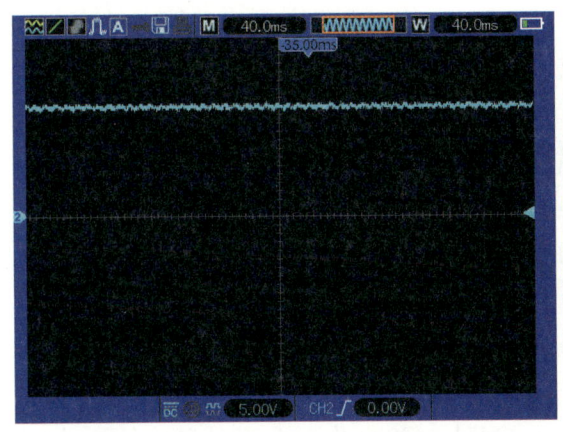

图 2-39　J538 的 T5ax/5 端子对搭铁实测波形

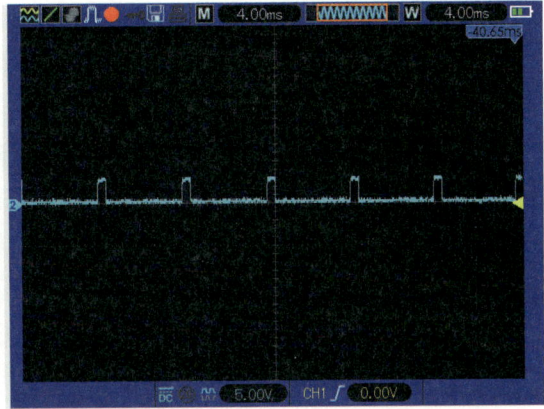

图 2-40　J623 的 T91/9 对搭铁实测波形

通过测量,发现 J538 的 T5ax/5 端子至 J623 的 T91/9 端子之间,一端为 +B 直线,一端为 0 V→2.5 V 的矩形方波,说明 J538 的 T5ax/5 端子至 J623 的 T91/9 端子之间的线路存在断路,修复线路后,发动机可正常起动。

案例 3　曲轴和凸轮轴位置传感器故障检修

(一) 故障现象

一辆迈腾 B8 车辆,打开点火开关,方向盘解锁正常,仪表显示无异常,无燃油泵运转声音;起动发动机时,起动机转,但没有任何着车的征兆,无燃油泵运转声音。

(二) 故障分析

如果观察故障现象时,没有关注到燃油泵运转情况,需要结合自诊断功能进行诊断,如果有故障码,则按照故障码的含义进行诊断;如果没有故障码,则可以直接进行火花塞跳火实验,确定故障可能原因。

如果观察故障现象时,关注到了燃油泵不转的现象,则可从燃油泵不工作开始进行诊断,由于燃油泵不转发动机也无法起动,因此可以先排除燃油泵故障,然后进行其他诊断,本故障案例以该种方法展开故障的诊断与检修。

(三) 故障诊断流程

第一步:读取故障码。

无故障码。

第二步:执行燃油泵元件测试。

打开点火开关,用解码器进行燃油泵主动测试,测试结果燃油泵运转正常。

由于元件测试时燃油泵运转正常,说明燃油泵的控制电路正常,而起动时燃油泵不运转,可能为发动机控制模块 J623 没有收到发动机的转速信号。

第三步:读取发动机转速的相关数据流。

在起动发动机时,用解码器读取曲轴转速,正常转速在 300 r/min 左右,实际值为 0 r/min。说明发动机控制模块没有收到曲轴位置传感器的转速信号。

第四步:测量发动机控制模块 J623 的曲轴转速信号输入。

起动时,用示波器测量 J623 的 T105/70 的对搭铁波形,正常波形为 0 V 到 5 V 的方波,实测波形为 5 V 不变。说明 J623 没有收到曲轴转速信号。

第五步:测量曲轴位置传感器的信号输出。

如图 2-41 所示,起动时,用示波器测量 G28 的 T3m/2 的对搭铁波形。正常波形为 0 V 到 5 V 的方波,实测结果波形为 0 V 不变,说明 G28 的 T3m/2 至 J623 的 T105/70 之间的线路存在断路故障。理论上在曲轴位置传感器发生故障后,G300 作为 G28 的替代信号,发动机控制单元可以通过 G300 信号识别到发动机的转速,但 G28 信号出现故障后,发动机控制单元无法测得转速信号,说明发动机控制单元也无法收到 G300 的信号。

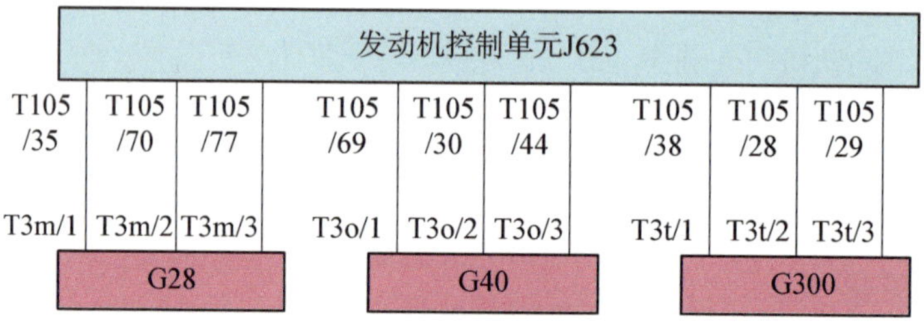

图 2-41 系统控制电路

第六步:测量发动机控制单元的凸轮轴信号输入。

起动时,用示波器测量 J623 的 T105/28 对搭铁波形,正常波形为 0 V 到 5 V 的方波,实测波形为 5 V 不变。说明 J623 没有收到 G300 传感器信号。

第七步:测量凸轮轴位置传感器的信号输出。

起动时,用示波器测量 G300 的 T3t/2 的对搭铁波形。正常波形为 0 V 到 5 V 的方波,实测结果波形为 0 V 不变,说明 G300 的 T3t/2 至 J623 的 T105/28 之间的线路存在断路故障。修复线路后,发动机可正常起动。

任务 3　发动机运行不良故障诊断与排除

学习目标

1. 素质目标

（1）培养学生的逻辑思维能力和创新能力。

（2）培养学生具备诚信、严谨、规范、求真的职业精神。

（3）培养学生具备能主动获取信息、团队协作与沟通交流的能力。

2. 知识目标

（1）了解发动机运行不良故障的常见原因。

（2）掌握汽车点火线圈、喷油器的结构和工作原理。

（3）掌握汽车节气门、加速踏板的结构和工作原理。

（4）掌握发动机运转不良故障的诊断方法。

3. 能力目标

（1）能对车辆运行不良常见故障成因进行判断分析。

（2）能制定车辆运行不良常见故障的诊断流程。

（3）能正确使用故障诊断检测设备进行故障的诊断与排除。

任务导入

一辆轿车，起动车辆时可以正常起动，但起动后出现怠速抖动、而且猛踩加速踏板时不能达到最高速。请制定出故障的诊断流程，并对本车辆进行维修，填写故障诊断排除报告。

知识链接

一、工作原理

（一）点火线圈工作原理

如图 2-42 所示为点火线圈控制电路，主要包括供电、控制信号及搭铁线，只有供电、控制信号、搭铁都正常的情况下，点火线圈才能正常工作，其中 T4t/1 号端子为次级绕组的搭铁端,其标准的对搭铁电压为 0 V,该线路长期处于断路状态会导致点火线圈中的点火模块过早烧坏;发动机控制单元 J623 通过 T4t/2 号端子为点火线圈提供控制信号,该信号的标准对搭铁波形为 0—5 V 的方波;T4t/3 号端子为点火线圈的点火模块提供搭铁信号,其标准的对搭铁电压为 0 V;T4t/4 号端子为点火线圈提供电源,其标准的对搭铁电压为蓄电池电源电压。

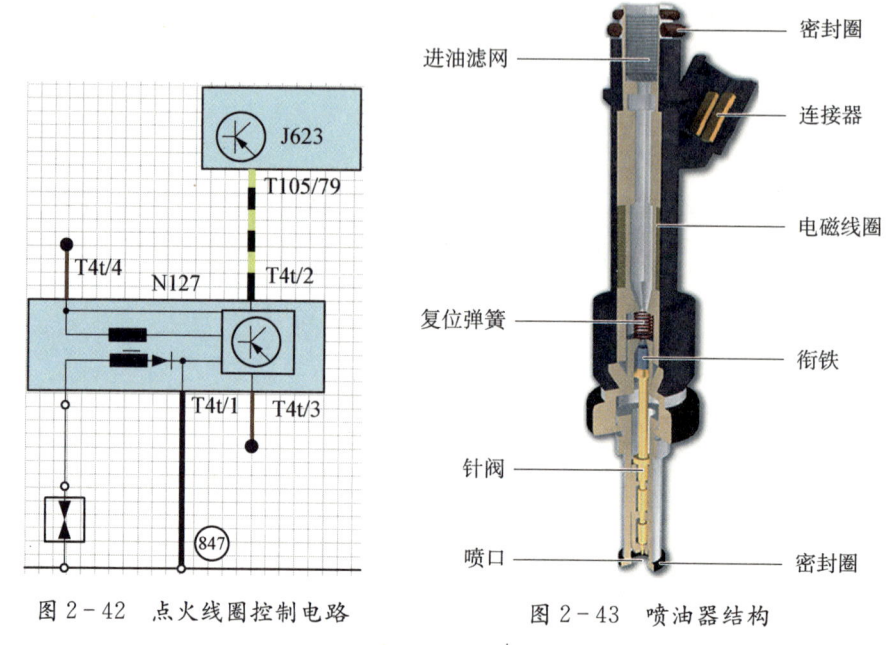

图 2-42　点火线圈控制电路　　　图 2-43　喷油器结构

(二) 喷油器工作原理

1. 低压喷油器

喷油器的作用是根据电控单元的指令将燃油以雾状的形态喷入进气管内。如图 2-43 所示,喷油器一般由壳体、电磁线圈、复位弹簧、衔铁、针阀和滤网等组成。

发动机工作时,电控单元的喷油控制信号将喷油器的电磁线圈与电源回路接通。电磁线圈有电流通过便产生磁场,磁芯被吸引,同磁芯为一体的针阀向上移动碰到调整垫时,针阀全开,燃油从喷口喷出。当没有电流通过电磁线圈时,在弹簧的作用下,使针阀下移压在阀座上并起密封作用。喷油器的喷油量与针阀行程、喷口面积、喷油环境压力及燃油压力等因素有关,但这些因素一旦确定后,喷油量就由针阀的开启时间,即电磁线圈的通电时间来决定。各喷油器的喷油持续时间由电控单元控制,当某缸活塞处于进气行程时,电控单元指令喷油器喷油。

喷油器针阀具有机械惯性,喷油器电磁线圈具有磁滞性。当喷油器电磁线圈通电时,从喷油器获得电信号到针阀达到最大升程需要一定时间,这段时间称为喷油器的开阀时间 T_o。当喷油器电磁线圈断电时,从喷油器断电到针阀回到关闭状态也需要一定时间,这段时间称为喷油器的关阀时间 T_c。通常情况下,喷油器

喷油器工作原理

的开阀时间比关阀时间长,喷油器的喷油动作和发动机的控制单元发出的喷油脉冲信号不同步,稍有滞后。喷油器的开阀时间 T_o 除了受喷油器的衔铁质量、电磁线圈的匝数多少影响外,还受到蓄电池电压的影响,蓄电池的电压越高,喷油器的开阀时间 T_o 越短。而喷油器的关阀时间 T_c 几乎与蓄电池电压无关。这就使得喷油器的无效喷油时间随蓄电池电压的减小而增大。其中开阀时间与关阀时间为喷油器不喷油的时间,称为无效喷油时间。

喷油器控制电路如图 2-44 所示,电路组成一般包括一根电源线和一根控制线,通常采用搭铁方式通过发动机控制模块搭铁电路来接通和切断喷油器电路。

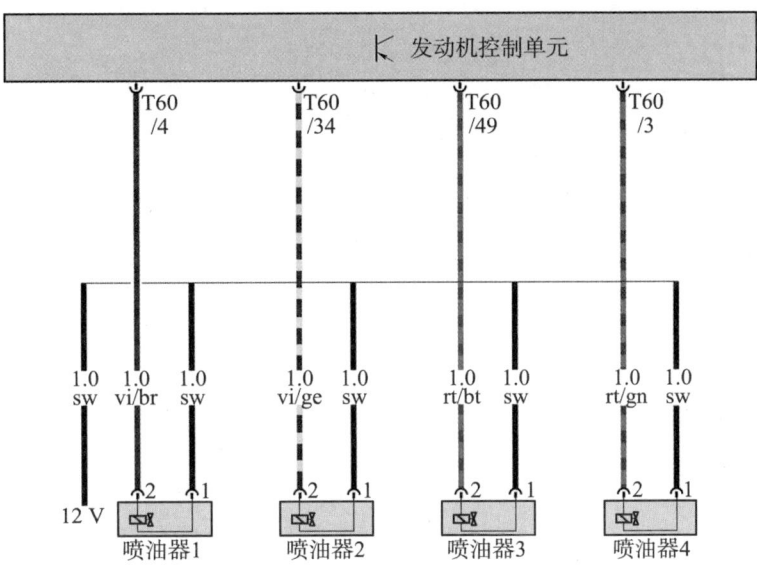

图 2-44 喷油器控制电路

如图 2-45 所示电压驱动型喷油器控制电路,在打开点火开关或发动机工作时,向喷油器电磁线圈提供电源(+B),而喷油器是否通电喷油则取决于发动机控制单元 ECU 是否提供搭铁信号。当发动机控制单元根据传感器的信号计算分析并确定该喷油时,控制接通喷油器的搭铁电路,喷油器开始喷油;当喷油器断电时喷油器停止喷油,此时,喷油器电磁线圈中会感应出一个较高的尖峰电压。发动机控制单元每输出一次喷油脉冲信号,喷油器便喷油一次。

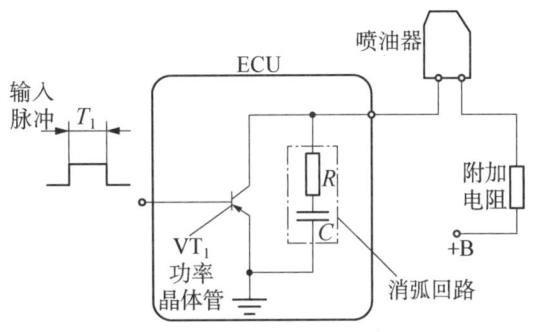

图 2-45 电压驱动型喷油器控制电路

喷油器控制信号的标准波形如图 2-46 所示,图中高电平应为电源电压,低电平约为 0 V;低电位持续时间的长短反映了喷油器的喷油脉宽,应与发动机工况一致,一般在急速时,每循环喷油脉宽为 1~5 ms;尖峰电压的高低反映了喷油器电磁线圈的质量,通常情况下尖峰电压为 30~100 V。

在发动机控制单元切断喷油器的搭铁回路时,喷油器的电磁线圈会产生很高的感应电动势,此反向电压与电源电压一起加在发动机控制单元的功率晶体管上,可能会将其击穿而损坏。因此,通常在喷油器的驱动电路中设有消弧回路,以保护发动机控制单元。

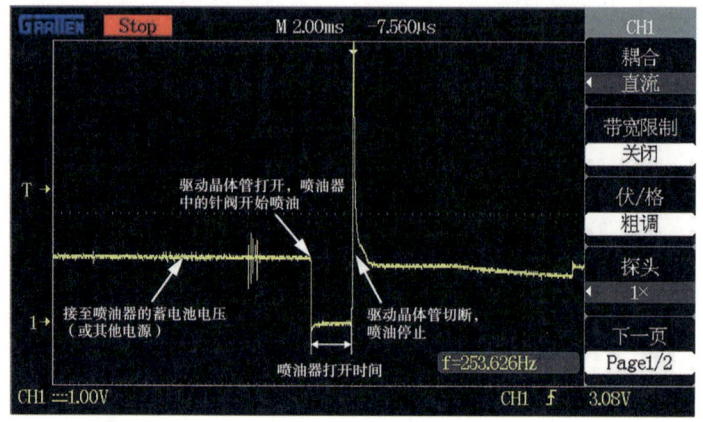

图 2-46 喷油器控制信号的标准波形

2. 高压喷油器

高压喷油器的控制与低压喷油器不同,高压喷油器的两端都由发动机 ECU 控制,其控制电路如图 2-47 所示。供电控制由发动机内部的升压电路控制,高压喷油器的工作电压比低压喷油器高得多,需要约 60~80 V 的电压,由发动机 ECU 内部升压电路提供。高压喷油器搭铁控制与低压喷油器控制方法相同,由发动机 ECU 控制高压喷油器的搭铁,其控制波形如图 2-48 所示。

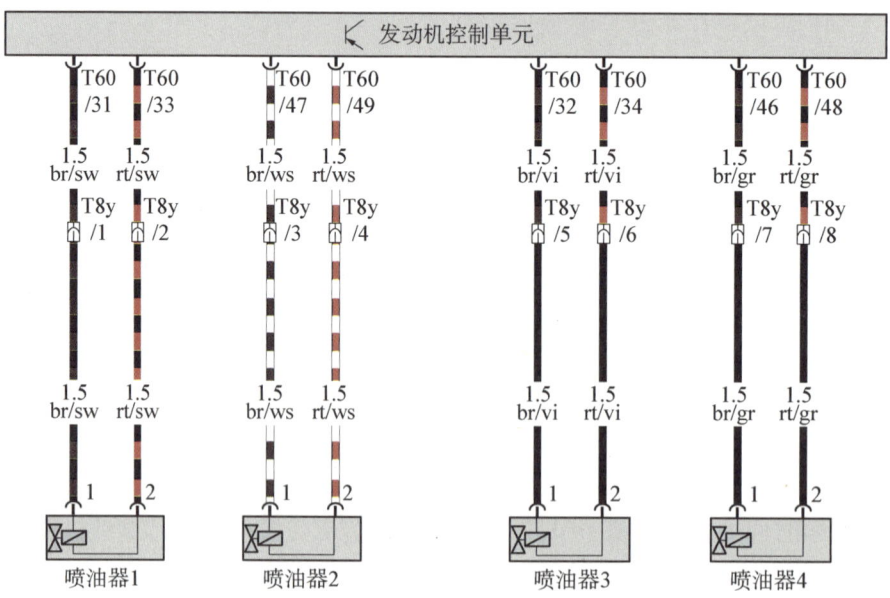

图 2-47 高压喷油器控制电路

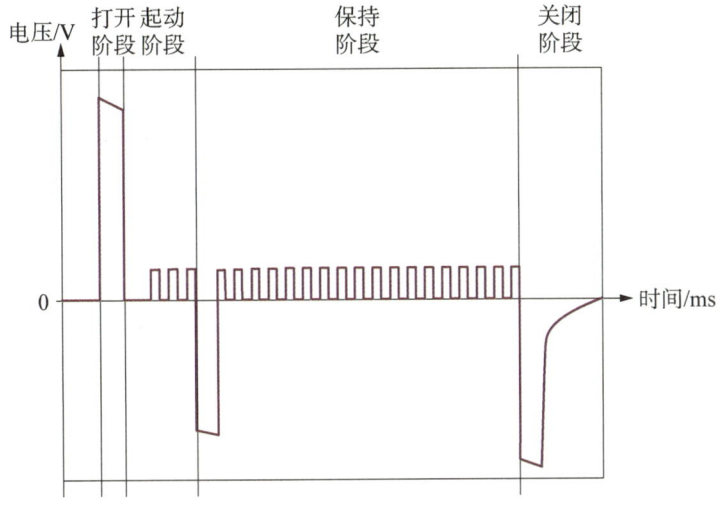

图 2-48　高压喷油器控制波形

如图 2-49 所示,发动机控制模块内部有 DC/DC 变压器模块,将 12 V 转换成 90 V,通过 90 V 电压来驱动喷油器,开启时,电容将通过喷油器放电,来使喷油器开启;之后,喷油器将利用系统的电压(12 V)来维持开启的状态,同时电容将再次充电来供下一次喷油器开启使用。

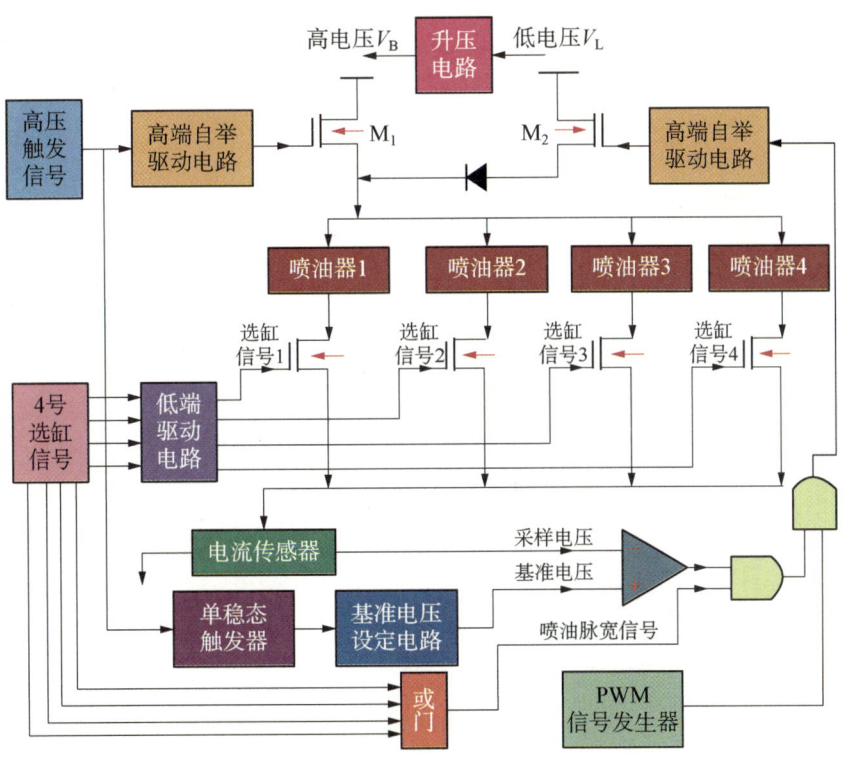

图 2-49　发动机控制模块内部电路

(三) 电子节气门系统工作原理

迈腾 B8 电子节气门系统主要由加速踏板位置传感器和电子节气门体组成。

1. 加速踏板位置传感器

节气门位置传感器工作原理

迈腾 B8 的加速踏板位置传感器有两个,分别为 G79 和 G185,如图 2-50 所示。传感器 G79 的供电是 T6bf/2 端子,搭铁是 T6bf/3 端子,输出信号是 T6bf/4 端子;传感器 G185 的供电是 T6bf/1 端子,搭铁是 T6bf/5 端子,输出信号是 T6bf/6 端子。

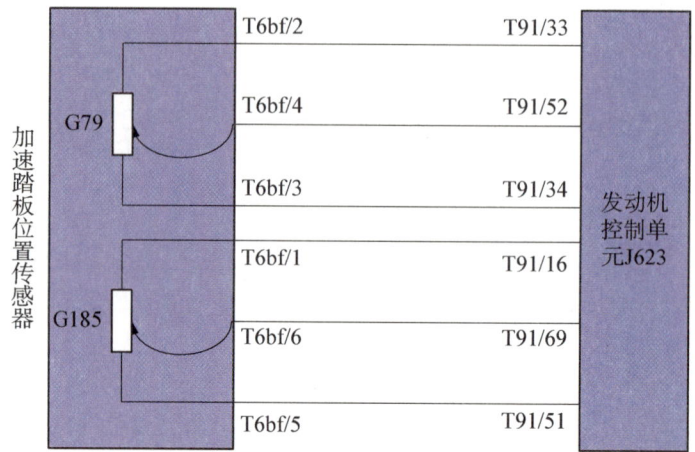

图 2-50 加速踏板位置传感器电路图

2. 电子节气门体

迈腾 B8 发动机节气门体由两个位置传感器和一个直流电动机组成,如图 2-51 所示。两个节气门位置传感器分别是 G187 和 G188,节气门直流电动机是 G186,传感器 G187 的信号输出是通过 T6e/4 端子,传感器 G188 的信号输出是通过 T6e/1

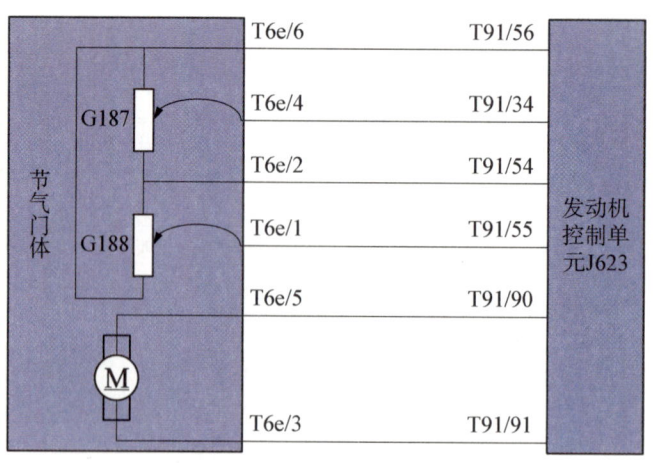

图 2-51 节气门体电路图

端子,端子T6e/2是两个传感器的公共供电,端子T6e/6是两个传感器的公共搭铁,直流电动机G186的驱动端子是T6e/3和T6e/5。

(1) 迈腾B8电子节气门系统的工作原理。迈腾B8电子节气门系统的控制过程如下:正常情况下踩加速踏板时,加速踏板位置传感器产生的信号输送给发动机控制单元J623,J623根据加速踏板位置传感器信号的变化量和变化率判断驾驶员的意图,并结合发动机的运行工况计算出对发动机转矩的基本需求,得到相应的节气门转角的基本值。然后再经过各CAN总线通信系统及车辆各控制单元,获取其他工况信息以及各种传感器信号,如发动机转速、挡位、节气门位置、空调能耗等信息,由此计算出车辆所需求的全部转矩,通过对节气门转角基本值的修正,得到节气门的最佳开度期望值,发动机控制单元J623依据最佳开度期望值,通过调节脉宽调制信号的占空比来控制直流电动机转角的大小,电动机方向则是由和节气门相连的复位弹簧控制的。电动机输出转矩和脉宽调制信号的占空比成正比。当占空比一定,电动机输出转矩与回位弹簧阻力矩保持平衡时,节气门开度不变;当占空比增大时,电动机驱动力矩克服回位弹簧阻力矩,节气门开度增大;反之,当占空比减小时,电动机输出转矩和节气门开度也随之减小并把相应的信号发送到驱动电路模块,驱动控制电动机使节气门达到最佳的开度位置。节气门位置传感器则把节气门的开度信号反馈给节气门控制单元,形成闭环控制。

当每次打开点火开关,发动机控制单元J623都会对电子节气门体进行自检,由如图2-52所示控制原理示意图可知,当打开点火开关时,J623内的CPU会通过其4号端子检测T105/91号端子的对搭铁电压,如果其电压是2.5V,说明从J623内的链接T105/90号端子的2.5V电源到T105/90号端子,到G186的T6e/5号端子,到节气门电机G186,到G186的T6e/3号端子,到J623的T105/90号端子是导通的,此时J623内的CPU会通过其1号端子控制晶体管V1导通,通过其5号端子控制晶体管V4导通,给节气门电动机G186一个驱动电压脉冲,G186转动会带动节气门打开一定角度(此时电子节气门处会发出"咔咔"声),此时节气门位置传感器G187和G188会把节气门相应的位置信号传递给J623。如果在整个过程中信息都正常,当发动机起动后,仪表上的EPC灯会熄灭,加速正常。

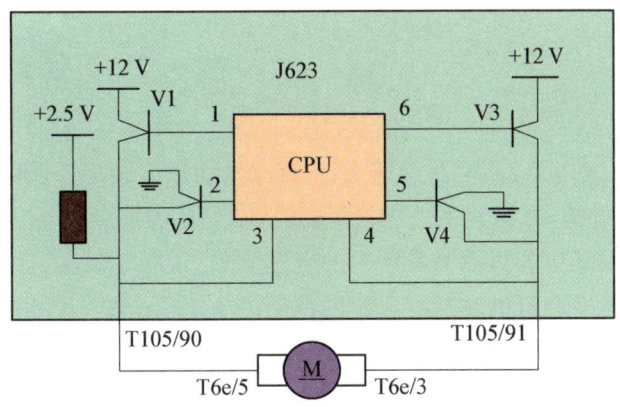

图2-52 电子节气门控制原理示意图

节气门位置传感器故障检修

(2) 电子节气门系统的故障分析。加速踏板位置有两个位置传感器同时工作,如果 G185 信号异常,会导致 EPC 灯长亮发动机无法加速,如果 G79 信号异常会导致 EPC 灯长亮但发动机加速正常,如果 G185 和 G79 同时损坏,也会导致 EPC 灯长亮发动机无法加速。

节气门位置传感器 G188 和 G187 单个信号出现异常时,会导致 EPC 灯长亮但发动机加速正常,如果两个节气门位置传感器同时损坏会导致 EPC 灯长亮发动机无法加速,同时发动机怠速会提高到 1 000 r/min 左右。当节气门电动机 G186 及其线路故障,会导致 EPC 灯长亮发动机无法加速,同时发动机怠速会提高到 1 400 r/min 左右。

(四)燃油压力调节阀工作原理

如果燃油压力调节阀 N276 出现故障,将影响系统的运行,如果该电磁阀持续打开,将造成燃油系统压力过低(相当于低压燃油系统压力);如果该电磁阀持续关闭,则将造成高压燃油系统压力为零,发动机无法运行;如果因为控制信号故障,将可能导致高压系统压力过大或过小。

如图 2-53 所示为燃油压力调节阀控制电路,J623 的 T105/92 号端子与燃油压力调节阀 N276 的 T2f/2 相连,为燃油压力调节阀提供脉冲电压电源;J623 的 T105/93 号端子直接与燃油压力调节阀 N276 的 T2f/1 相连,作为燃油压力调节阀的控制端,燃油压力调节阀控制信号采用 PWM 信号进行控制。

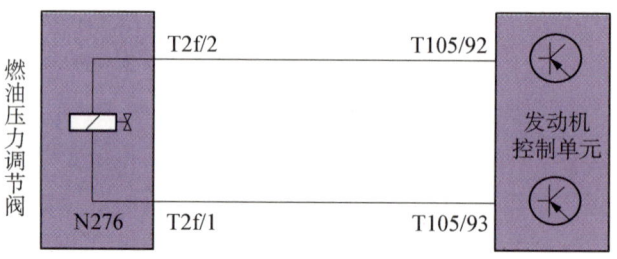

图 2-53 燃油压力调节阀控制电路

二、故障分析

起动发动机,让发动机怠速运转,观察发动机运转是否平稳,转速是否偏高或偏低;起动发动机,踩加速踏板,观察发动机转速是否能到达规定的空载最高转速。

如果发动机的抖动与发动机的转速同步,说明是发动机缺缸造成的抖动。

如果是发动机的转速在一定的范围内上下"忽悠",说明怠速空气控制系统存在控制偏差故障。

如果发动机转速低并且伴随轻微的抖动,则说明怠速时发动机动力性不足,这与进气量、点火正时、点火能量、喷油正时、喷油量、换气效率、气缸压力等都有很密切的关系。

如果发动机怠速转速过高,则与进气量、点火正时、喷油量等都有很密切的关系。现在很多车辆空载时都会对发动机的最高转速有所限制,一般都是通过断油实施控制。

如果踩加速踏板时,发动机转速能上升到最高设计转速,说明发动机加速性能良好。

如果在加速过程中,在某个转速就出现无法提高转速的问题,则说明发动机控制系统存在故障,导致发动机功率无法提升。

一般与高压燃油控制系统和 EPC 系统出现故障有关,发动机控制模块将发动机转速控制在安全范围下,不再增加喷油。

案例 1　点火线圈控制线路断路故障检修

(一) 故障现象

一辆迈腾 B8 车辆,打开点火开关,仪表显示无异常,着车后,发动机抖动,且抖动与发动机转速同步,仪表排气故障指示灯长亮。

(二) 故障分析

由于抖动与发动机转速同步,说明极有可能是发动机缺缸造成的,可能原因为:某气缸喷油器或其电路故障、某气缸点火线圈或其电路故障、火花塞故障等。如果有相关故障码提示,就按照故障码的提示进行诊断;如果没有相关故障码提示,则需要分析故障现象,读取相关的数据流和尾气排放数值,发现异常数据,实施诊断。点火线圈控制电路如图 2-54 所示。

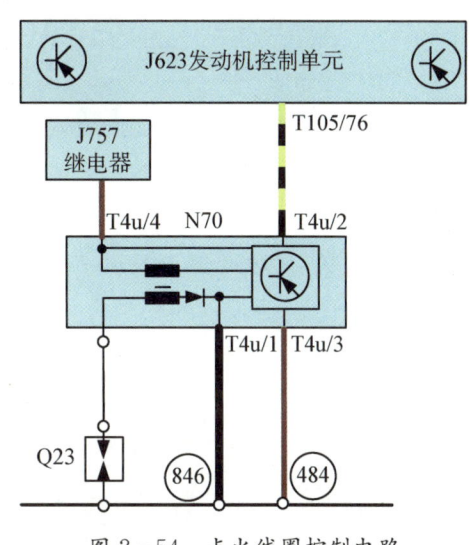

图 2-54　点火线圈控制电路

(三) 故障诊断流程

第一步:扫描网关,读取故障码。

打开点火开关,用解码器扫描网关,读取故障码,发现有以下故障码:

P230200,二次回路点火线圈 1 功能失效-主动静态,如图 2-55 所示。

通过以上故障码可以看出,是 1 缸点火线圈或其电路故障造成的发动机缺缸。

第二步:分别测量 1 缸点火线圈 N70 的供电、搭铁及控制信号。

测量 N70 的 4 号端子对搭铁电压,标准值为+B,实测值如图 2-56 所示,为 11.85 V,结果正常。

故障码	描述	码库类型	维修建议
P230200	二次回路点火线圈1-功能失效——主动/静态		无

图 2-55　读取故障码

测量 N70 的 1 号端子对搭铁电压，标准值为 0 V，实测值如图 2-57 所示，为 0 V，结果正常。

图 2-56　火线圈 N70 的供电测量　　　图 2-57　火线圈 N70 的搭铁测量

测量 N70 的 2 号端子对搭铁波形，标准值为 0—5 V 方波，如图 2-58 所示；实测值为 0 V，如图 2-59 所示。测试结果异常，说明 N70 接收控制单元控制信号异常，下一步测 J623 控制单元控制信号输出。

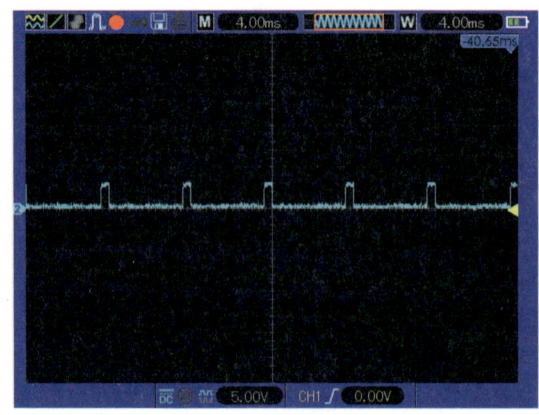
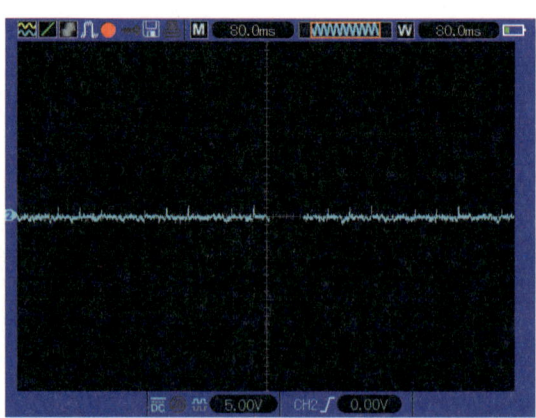

图 2-58　标准波形　　　　　　　　　图 2-59　实测波形

第三步：测量发动机控制单元 J623 的 T105/76 号端子对搭铁波形，标准为 0—5 V 方波信号，实测如图 2-60 所示，正常。

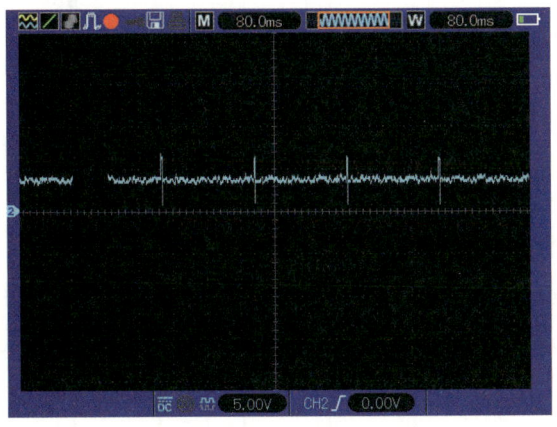

图 2-60 J623 的 T105/76 号端子对搭铁实测波形

1 缸点火线圈 N70 的 2 号端子至发动机控制单元 J623 的 T105/76 号端子，一端波形为 0 V 直线，一端为 0—5 V 的方波信号，对比说明 N70 的 2 号端子至发动机控制单元 J623 的 T105/76 号端子线路断路，修复故障后，抖动现象消失。

案例 2 喷油器正极线路断路故障检修

（一）故障现象

一辆迈腾 B8 车辆，打开点火开关，方向盘解锁，仪表显示无异常，着车后，红色发动机故障指示灯点亮，其余均正常。

（二）故障分析

由于抖动与发动机转速同步，说明极有可能是发动机缺缸造成的，可能原因为：某气缸喷油器或其电路故障；某气缸火花塞、点火模块或其电路故障；某气缸密封性或进排气故障。如果有相关故障码提示，按照故障码的提示进行诊断；如果没有故障码提示，则需要分析故障现象，读取相关的数据流实施诊断。其控制电路如图 2-61 所示。

（三）故障诊断流程

第一步：扫描网关，读取故障码。

打开点火开关，用解码器扫描网关，读取故障码，发现有以下故障码：

00514：气缸 2 喷射阀-N31 电路电气故障

00768：检测到不发火

00770：气缸 2 检测到不发火

通过以上故障码可以看出，是 2 缸喷油器或其电路故障造成发动机缺缸，可能原因为：

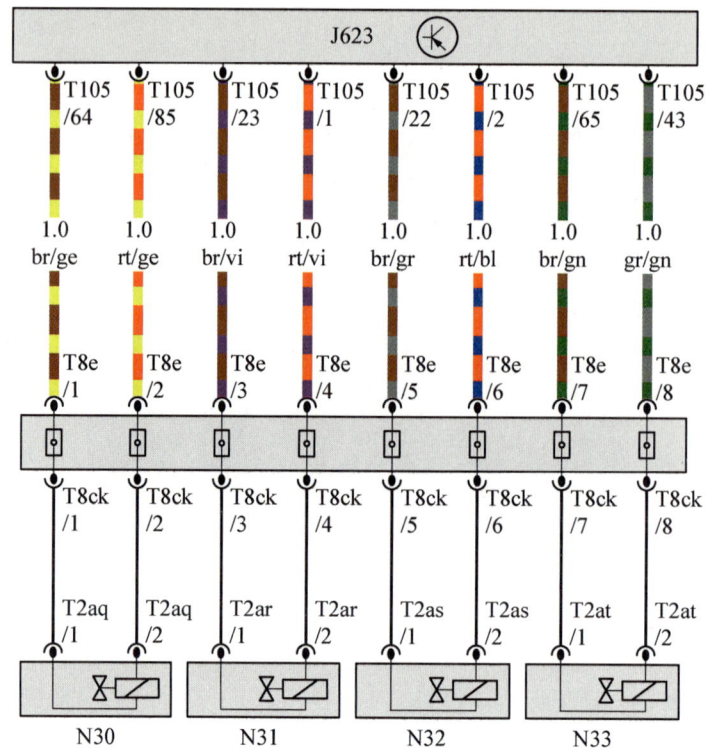

图 2-61 喷油器控制电路

①喷油器自身故障;②喷油器与发动机控制单元之间电路故障;③发动机控制单元自身故障。

第二步:读取相关数据组,以确定故障所在(注意在有故障码提示时可以不用该步测试)。

在发动机运行过程中,读取失火数(14/3、15/1、15/2、15/3、16/1)数据流:

14/3(失火计数器):0→474(异常),标准:4→8

15/1(气缸 1 计数器):0(正常)

15/2(气缸 2 计数器):0→474(异常)

15/3(气缸 3 计数器):0(正常)

16/1(气缸 4 计数器):0(正常)

通过以上数据流可以看出,是 2 缸喷油器或其电路故障造成发动机缺缸,可能原因为:①喷油器自身故障;②喷油器与发动机控制单元之间电路故障;③发动机控制单元自身故障;④2 缸点火系统故障造成 2 缸喷油器中断燃油喷射。

第三步:对喷油器进行执行元件诊断测试,以确定故障所在。

注意:在不采用读取故障码而采用数据流的情况下需要进行该步测试。

打开点火开关,用解码器进行执行元件诊断测试,发现 2 缸喷油器不动作,其他缸喷油器工作正常。说明 2 缸喷油器的确不能正常工作,可能原因为:①喷油器自身故障;②喷油器与发动机控制单元之间电路故障;③发动机控制单元自身故障。

第四步:测量 2 缸喷油器的驱动信号,确定故障所在。

在双喷射系统中,发动机控制单元对喷油器的正极和负极同时进行控制,因此要想测量能正确反映喷油器工作状况的驱动信号波形,最好是示波器的负极检测探针连接到喷油器负极信号线上;示波器的正极检测探针连接到喷油器的正极信号线上。

起动发动机时,用示波器测量喷油器 T8e/3、T8e/4 端子之间的信号波形,正常情况下,应可以检测到如图 2-62 所示的标准波形。

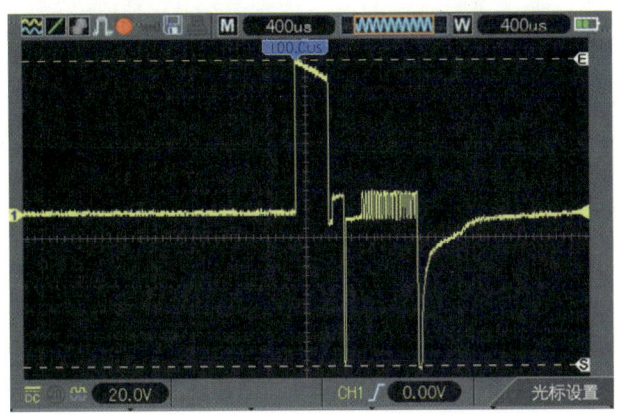

图 2-62　喷油器两端驱动标准波形

实测结果喷油器波形始终为一条直线(电压幅值为零)。说明喷油器两端没有电压降。可能原因为:①发动机控制单元存在故障,未发出控制信号;②发动机控制单元与喷油器之间电路存在断路故障;③喷油器自身断路故障。

第五步:测量 2 缸喷油器正极电路对搭铁波形(过渡插头 T8e/3)。

起动发动机时,用示波器测量喷油器过渡插头 T8e/3 号端子对搭铁波形,正常情况下,应可以检测到如图 2-63 所示的波形。实测结果喷油器波形始终为 0 V 一条直线。说明喷油器没有得到正极电源供给,可能原因为:①发动机控制单元存在故障,未发出正极控制信号;②发动机控制单元 T105/23 号端子与喷油器 T8e/3 号端子之间电路存在断路故障。

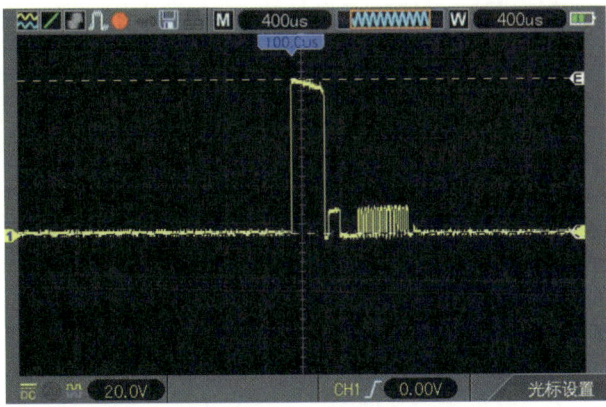

图 2-63　喷油器正极端标准波形

第六步：测量2缸喷油器正极电路对搭铁波形（控制单元T105/23端子）。

起动发动机时，用示波器测量控制单元T105/23号端子对搭铁波形如图2-64所示，实际测得波形正常，说明J623正常发出高压信号，但喷油器正极端过渡插头没有收到，说明导线之间存在断路。检修电路后故障排除，发动机性能恢复正常。

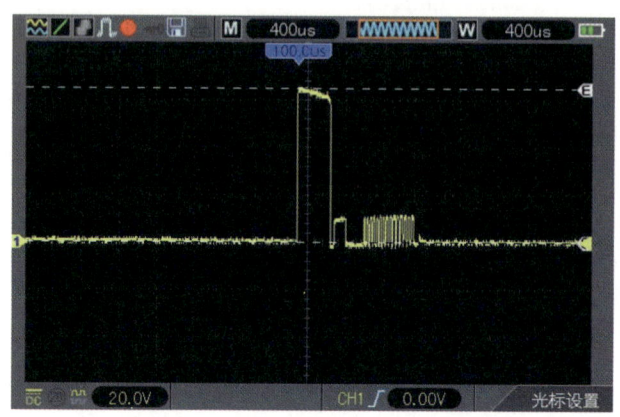

图2-64　控制单元端标准波形

案例3　节气门信号线路断路故障检修

（一）故障现象

一辆迈腾B8车辆，打开点火开关，方向盘解锁正常，仪表显示无异常；发动机起动后，怠速抖动，转速在较大范围内波动；仪表EPC指示灯长亮，加速时，发动机转速不能达到2800 r/min。

（二）故障分析

由于怠速时发动机抖动且转速是在较大范围内上下波动，可能为进气量时大时小、或者混合气时稀时浓、点火正时时早时晚等造成发动机的动力时大时小。故障原因有：进排气系统故障、燃油供给系统故障、点火系统故障、发动机电控系统故障、机械故障等。

如果有相关故障码提示，就按照故障码的提示进行诊断，如果没有相关故障码提示，则需要分析故障现象，读取相关的数据流，发现异常数据，实施诊断。其控制电路如图2-65所示。

（三）故障诊断流程

第一步：扫描网关，读取故障码，故障码为：P022100，节气门驱动器角度传感器—不可信信号—主动/静态；P012100，节气门电位计—不可信信号—主动/静态；P022200，节气门驱动器角度传感器—信号太小—主动/静态，如图2-66所示。

结合节气门位置传感器电路图以及故障码的含义，说明发动机控制单元接收到的传感

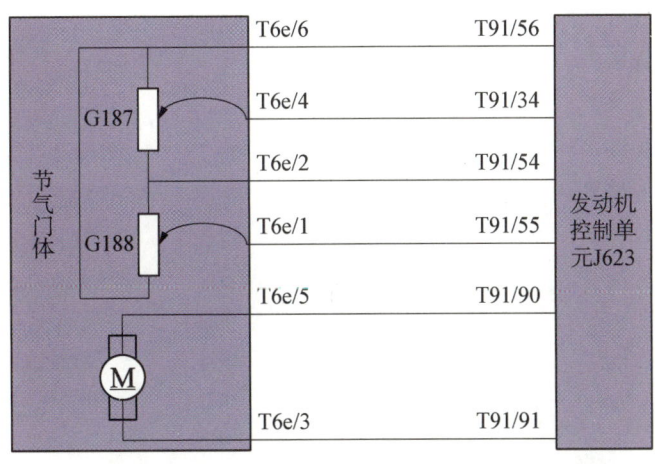

图 2-65 节气门位置传感器电路图

国赛专用诊断系统>一汽大众 V1.0.20.2>手动选择>01-发动机电控系统　问题反馈

故障码	描述	码库类型	维修建议
P022100	节气门驱动器的角度传感器 2-不可信信号-主动/静态		无
P012100	节气门电位计，不可信信号-主动静态		无
P022200	节气门驱动器的角度传感器 2，信号太小-主动/主动静态		无

图 2-66 读取故障码

器 2 信号异常，可能原因为 J623 局部故障、节气门位置传感器故障、J623 到节气门位置传感器之间线路故障。

第二步：打开点火开关、踩下加速踏板，用示波器测量发动机控制单元 J623 的 T105/55 号端子对搭铁波形为 0 V 直线，如图 2-67 所示。波形说明，发动机控制单元未接收到传感器信号，故障可能为传感器自身故障或传感器至发动机控制单元 J623 线路故障。

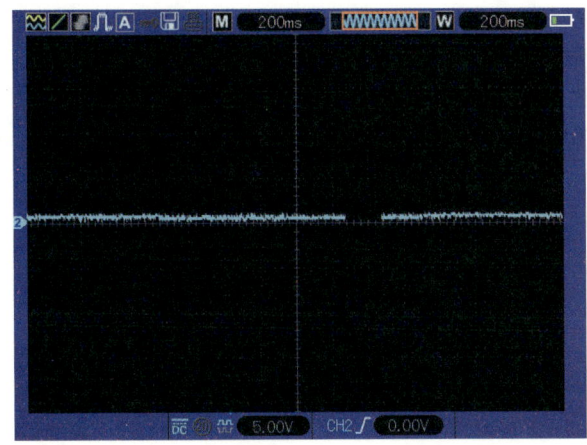

图 2-67 J623 的 T105/55 号端子对搭铁实测波形

第三步:检查 G188 传感器信号端子电压,确定故障所在。

打开点火开关,反复踩踏加速踏板,用万用表测量节气门位置传感器 T6e/1 号端子对搭铁波形,标准值为 5V 到 0V 波形,实测波形如图 2-68 所示,测试结果正常。

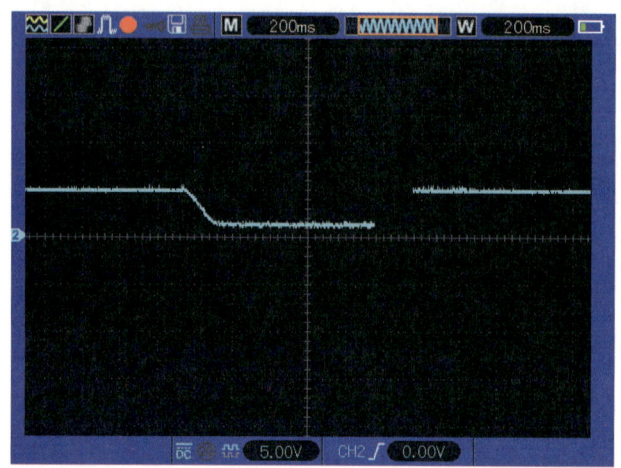

图 2-68 节气门位置传感器 T6e/1 号端子对搭铁实测波形

第四步:检查节气门位置传感器信号线路阻值。

断开节气门和 J623 插接器,测量 G188 的 T6e/1 号端子至发动机控制单元 J623 的 T105/55 号端子信号线路两端的电阻。正常阻值为 0Ω,实测结果为电阻无穷大,说明 G188 的 T6e/1 号端子至发动机控制单元 J623 的 T105/55 号端子线路断路,修复线路后,故障排除。

附件：学生实训报告单

实训项目				
故障现象描述		配分	扣分	判罚依据
可能的故障原因				
故障诊断流程 (※注明测试条件、插件代码和编号，控制单元针脚代号)				
故障点和故障类型确认				

一、填空题

1. _____的作用是将点火线圈产生的高压电，按照发动机的工作顺序送至各缸火花塞；_____的作用是产生脉冲信号，送给点火控制器，由点火控制器控制初级电路的通断。
2. 燃油供给系统主要由_____、_____、_____、_____和_____、高压泵、高压喷油器等组成。
3. 传统汽车燃油系统燃油压力较低，一般在_____kPa左右，高压燃油系统的油压范围可以达_____bar。
4. 发动机高压泵采用单活塞泵，它由发动机_____上的方形凸轮以机械方式驱动。
5. 高压油泵的工作过程可以分为_____、_____、_____三个行程。

二、选择题

1. 在电控点火系统中，用于产生高压的部件是(　　)。
   A. ECU　　　　B. 分电器　　　　C. 高压线　　　　D. 点火线圈
2. 负温度系数的进气温度传感器电阻值随温度的升高而(　　)。
   A. 变小　　　　B. 变大　　　　C. 不变　　　　D. 不确定
3. 在进气计量系统中用来计量空气流量的传感器是(　　)。
   A. 进气歧管绝对压力传感器　　　　B. 增压压力传感器
   C. 空气流量传感器　　　　D. 节气门位置传感器
4. 当故障自诊断系统判定点火系统有故障时，会立即发出控制指令停止(　　)。
   A. 点火线圈工作　　　　B. 喷油器喷油　　　　C. ECU工作　　　　D. 节气门工作

三、问答题

1. 简述电控点火系统的工作原理。
2. 简述高压喷油器的工作原理。
3. 简述曲轴位置传感器的类型、工作原理及检修方法。
4. 简述发动机无法起动的故障诊断流程。

项目三 汽车灯光系统故障诊断与排除

本项目内容包含近光灯系统故障诊断与排除、远光灯系统故障诊断与排除、示宽灯系统故障诊断与排除、雾灯系统故障诊断与排除等6个学习任务。通过本项目的学习,掌握汽车灯光系统的基本结构、工作原理、电路分析方法、故障诊断方法等基础知识,具备汽车灯光系统常见故障的诊断与排除能力。

汽车灯光系统故障诊断与排除
- 近光灯系统故障诊断与排除
- 远光灯系统故障诊断与排除
- 示宽灯系统故障诊断与排除
- 雾灯系统故障诊断与排除
- 危险警告灯系统故障诊断与排除
- 制动灯系统故障诊断与排除

任务 1　近光灯系统故障诊断与排除

1. 素质目标
(1) 培养学生的逻辑思维能力和创新能力。
(2) 培养学生具备诚信、严谨、规范、求真的职业精神。
(3) 培养学生具备能主动获取信息、团队协作与沟通交流的能力。

2. 知识目标
(1) 掌握近光灯系统结构和工作原理。
(2) 掌握近光灯系统电路分析方法和故障的诊断方法。

3. 能力目标
(1) 能对近光灯系统故障成因进行判断分析。
(2) 能制定近光灯系统常见故障的诊断流程。
(3) 能正确使用检测设备进行近灯光系统故障的诊断与排除。

一辆轿车,打开点火开关,开启近光灯时,右侧近光灯不亮,其余灯光正常。请制定出故障的诊断流程,并对本车辆进行维修,填写故障诊断排除报告。

知识链接

不同的车型近光灯系统的控制逻辑也是不同的,本任务通过两种典型的近光灯系统讲解近光灯的工作原理和故障的诊断方法。

一、工作原理

(一) 吉利远景近光灯系统工作原理

如图 3-1 所示,吉利远景近光灯控制系统包括灯光开关、左前照灯总成、右前照灯总成、

项目三 汽车灯光系统故障诊断与排除

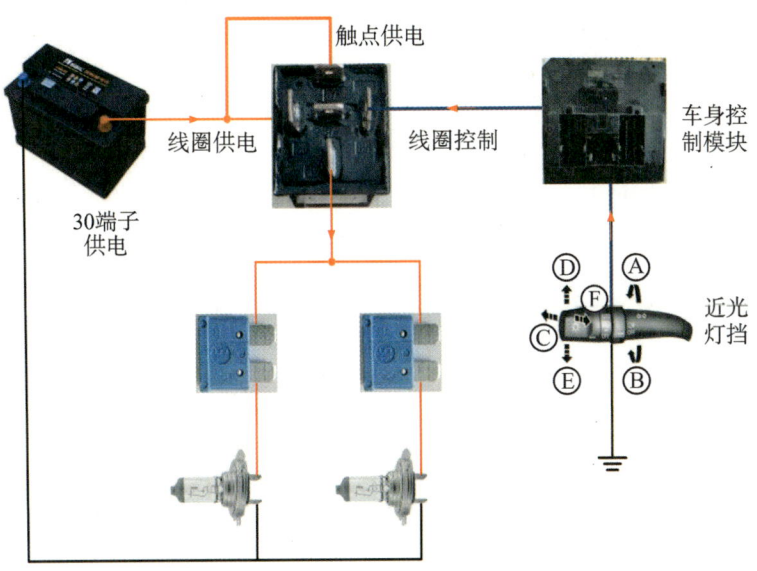

图 3-1 吉利近光灯结构组成及控制原理

近光灯继电器、熔丝、车身控制模块等元器件。

吉利远景近光灯控制电路如图 3-2 所示。当打开点火开关,灯光开关旋至近光灯位置时,车身控制模块 BCM 接到近光的开关闭合信号,发出指令,近光电路接通,其回路:从蓄电池正极分为两路,一路从蓄电池正极＋B→近光灯继电器线圈 1 号、2 号端子→车身控制模块 BCM→搭铁→蓄电池负极,使近光灯继电器开关闭合;另一路蓄电池正极→近光灯继电器 5 号、3 号端子→左、右近光灯熔丝→左、右近光灯→搭铁→蓄电池负极,近光灯点亮。

近光灯系统工作原理

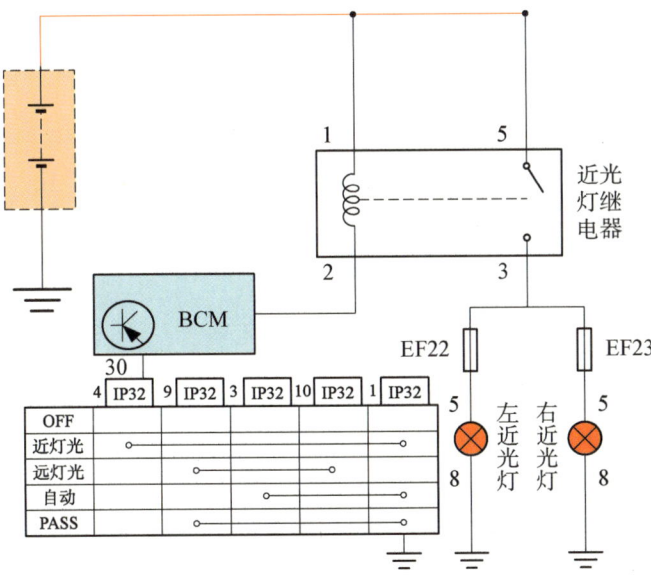

图 3-2 吉利远景近光灯控制电路

(二) 迈腾 B8 近光灯系统工作原理

如图 3-3 所示,迈腾 B8 近光灯控制系统通过车载电网控制单元 J519 集中控制,近光灯系统包括灯光旋转开关、左前照灯总成、右前照灯总成、数据总线诊断接口 J533、组合仪表控制单元 J285、车载电网控制单元 J519 等元器件。

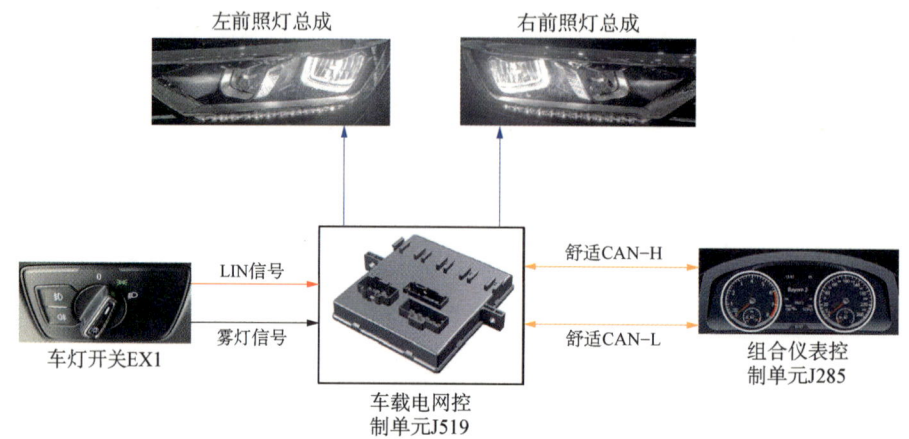

图 3-3　迈腾 B8 近光灯结构组成及控制原理

迈腾 B8 近光灯控制电路如图 3-4 所示。灯光开关旋至近光灯位置时,灯光开关模块接收到近光灯开启信号,模块将接收到的模拟电压信号转换为数字信号,通过开关 LIN 数据线将此信号发送至车载电网控制单元 J519。车载电网控制单元 J519 接收到此信号后,分别接通左前、右前近光灯控制信号,所有近光灯点亮。

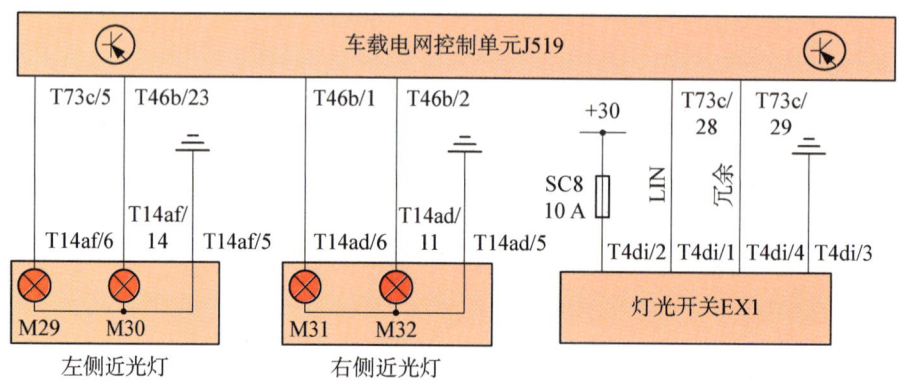

图 3-4　迈腾 B8 近光灯控制电路

系统为了更好地监测和控制左、右侧近光灯的开启和关闭,左、右侧近光灯电源均由车载电网控制单元 J519 提供并控制。

左侧近光灯 M29 的工作是由 J519 通过其 T73c/5 号端子与左侧近光灯 T14af/6 号端子之间的线路提供正极电源,再通过端子 T14af/5 搭铁构成回路,点亮左侧近光灯 M29。

右侧近光灯 M31 的工作是由 J519 通过其 T46b/1 号端子与右侧近光灯 T14ad/6 号端子之间的线路提供正极电源,再通过端子 T14ad/5 搭铁构成回路,点亮右侧近光灯 M31。

二、故障分析

近光灯的常见故障有两侧或单侧灯光不亮、近光灯亮度不足、灯泡频繁烧坏等。以吉利远景近光灯系统为例进行分析,当一侧近光灯不亮时,由于另一侧近光灯正常,不考虑公共电路,主要的故障原因包括:左侧近光灯熔丝 EF22、EF22 至近光灯继电器线路故障、灯泡自身故障、左侧近光灯至 EF22 线路故障、左侧近光灯搭铁故障等,故障诊断流程如图 3-5 所示。

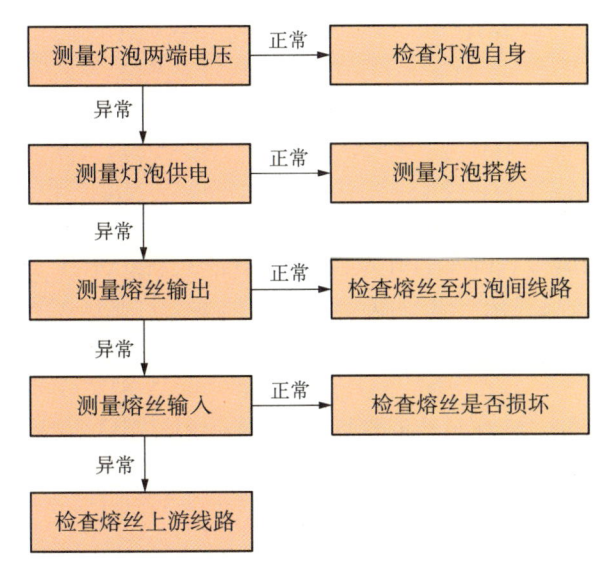

图 3-5 一侧近光灯不亮故障诊断流程

当出现两侧近光灯均不亮的故障时,此时可优先考虑两侧近光灯公共电路,故障主要原因包括:近光灯继电器自身故障、近光灯继电器电源及控制线路故障、灯光开关自身及其线路故障、BCM 局部故障,故障诊断流程如图 3-6 所示。

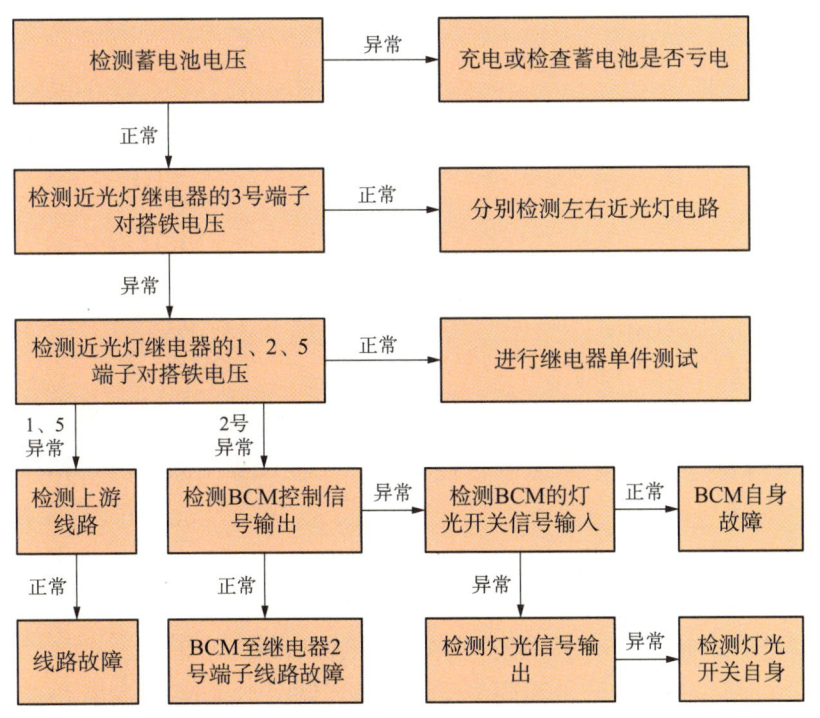

图 3-6 两侧近光灯均不亮故障诊断流程

案例 左侧近光灯不亮故障检修

(一)故障现象

一辆迈腾 B8 车辆,打开点火开关,操作灯光开关至近光灯挡,左侧近光灯不亮,右侧近光灯正常,仪表显示"请检查左侧前照灯",其余灯光均正常。

(二)故障分析

根据现象可知在打开近光灯时,右侧近光灯正常,说明 J519 能接收到灯光开关的近光灯挡位信号;由于右侧近光灯 M31 和远光灯 M32 共用搭铁(图 3-7),而远光灯 M32 工作正常,说明右侧近光灯 M31 的搭铁无异常。

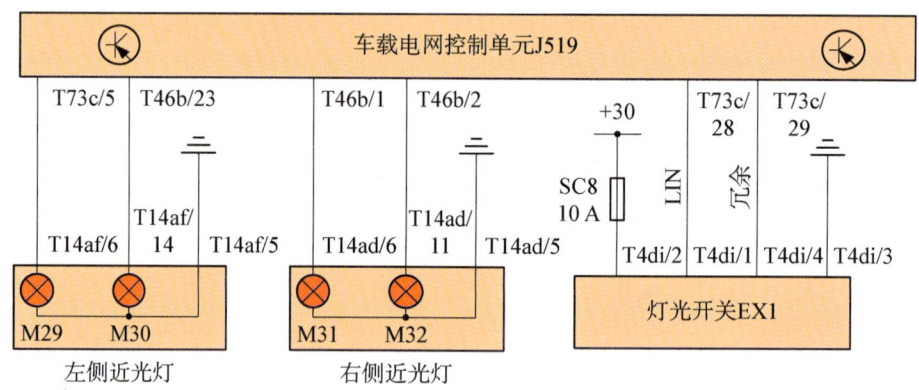

图 3-7 近光灯系统电路

(三)故障诊断流程

第一步:读取故障码,无故障码。

第二步:测量左侧近光灯 M29 供电。

如图 3-8 所示,打开点火开关,将灯开关 EX1 旋转至近光灯挡,测量左侧近光灯 M29 的供电 T14af/6 端子对搭铁电压,测量值为 0 V,标准为+B,说明左侧近光灯 M29 供电异常,下步测量 J519 侧的电源输出。

第三步:测量 J519 侧的电源输出。

如图 3-9 所示,打开点火开关,将灯开关 EX1 旋转至近光灯挡,测量 J519 侧 T73c/5 号端子对搭铁电压,测得 J519 的 T73c/5 号端子对搭铁电压为 12.46 V,正常。

J519 的 T73c/5 与 M29 的 T14af/6 为同一线路,两端存在+B 电压降,判断此线路断路。修复后,故障现象消失。

项目三 汽车灯光系统故障诊断与排除

图 3-8 近光灯 M29 供电测量

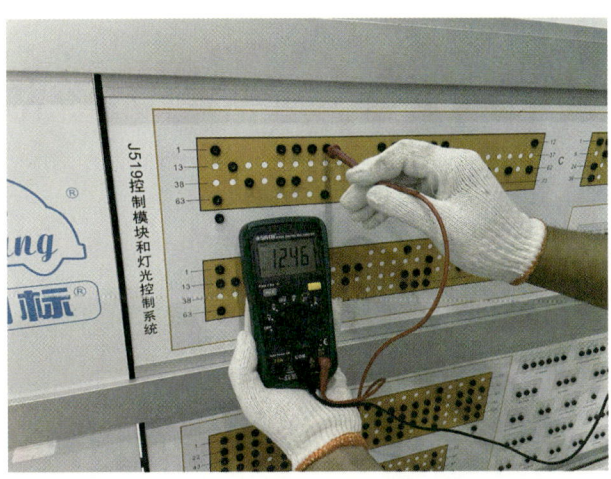

图 3-9 J519 侧的电源输出测量

任务 2　远光灯系统故障诊断与排除

 学习目标

1. 素质目标
(1) 培养学生的逻辑思维能力和创新能力。
(2) 培养学生具备诚信、严谨、规范、求真的职业精神。
(3) 培养学生具备能主动获取信息、团队协作与沟通交流的能力。

2. 知识目标
(1) 掌握远光灯系统结构和工作原理。
(2) 掌握远光灯系统电路分析方法和故障的诊断方法。

3. 能力目标
(1) 能对远光灯系统故障成因进行判断分析。
(2) 能制定远光灯系统常见故障的诊断流程。
(3) 能正确使用检测设备进行远光灯系统故障的诊断与排除。

任务导入

一辆轿车,打开点火开关,开启远光灯时,左侧远光灯不亮,右侧远光灯正常,其余灯光正常。请制定出故障的诊断流程,并对本车辆进行维修,填写故障诊断排除报告。

 知识链接

不同的车型远光灯系统的控制逻辑也是不同的,本任务通过两种典型的远光灯系统讲解远光灯的工作原理和故障的诊断方法。

一、工作原理

(一) 吉利远景远光灯系统工作原理

如图 3-10 所示,吉利远景远光灯控制系统包括灯光开关、左前照灯总成、右前照灯总成、远光灯继电器、熔丝、车身控制模块等元器件。

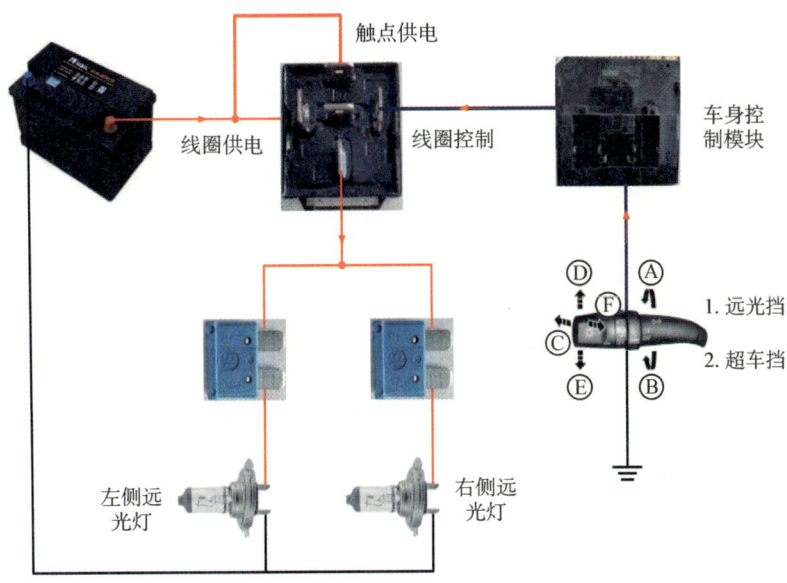

图 3-10 吉利远光灯结构组成及控制原理

吉利远景远光灯控制电路如图 3-11 所示,在远光灯挡位置和超车挡位置时均可控制左右远光灯。

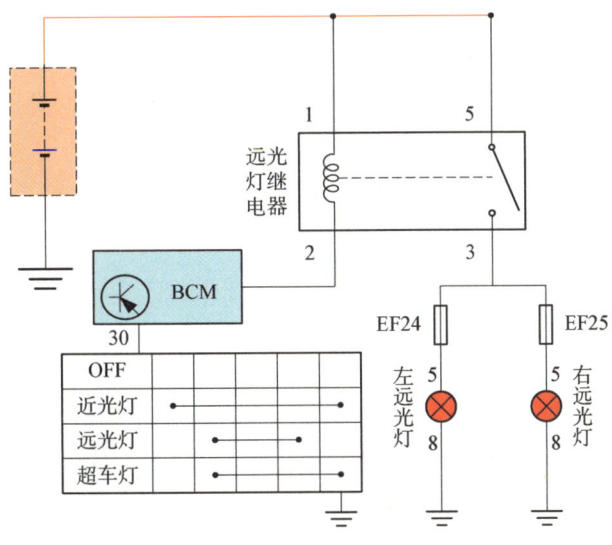

图 3-11 吉利远景远光灯控制电路

(1) 灯光开关旋至近光灯位置时,变光开关向下按动,开关内部接通远光灯控制触点,随即车身控制模块 BCM 接收到远光挡信号电压由 12 V 变为 0 V,接收到此电压信号变化后,车身控制模块 BCM 发出对远光灯继电器的控制指令,此时其回路为:从蓄电池正极分为两路,一路从蓄电池正极+B→远光灯继电器线圈 1 号、2 号端子→车身控制模块 BCM→搭铁→蓄电池负极,使远光灯继电器开关闭合;另一路蓄电池正极→远光灯继电器 5 号、3 号端子→左、右远光灯熔丝→左、右远光灯→搭铁→蓄电池负极,远光灯点亮。

(2) 任何时候变光开关向上拉动,开关内部接通超车灯控制触点,随即车身控制模块 BCM 接收到超车挡信号电压由 12 V 变为 0 V,接收到此电压信号变化后,车身控制模块 BCM 发出对远光灯继电器的控制指令,此时其回路为:从蓄电池正极分为两路,一路从蓄电池正极＋B→远光灯继电器线圈 1 号、2 号端子→车身控制模块 BCM→搭铁→蓄电池负极,使远光灯继电器开关闭合;另一路蓄电池正极→远光灯继电器 5 号、3 号端子→左、右远光灯熔丝→左、右远光灯→搭铁→蓄电池负极,远光灯点亮。松开变光开关,左前、右前远光灯和仪表上的远光指示灯熄灭。

(二) 迈腾 B8 远光灯系统工作原理

如图 3-12 所示,迈腾 B8 远光灯控制系统通过车载电网控制单元 J519 集中控制,系统包含灯光旋转开关、车灯变光开关、左前照灯总成、右前照灯总成、转向柱电子装置控制单元 J527、数据总线诊断接口 J533、组合仪表控制单元 J285、车载电网控制单元 J519 等元器件。

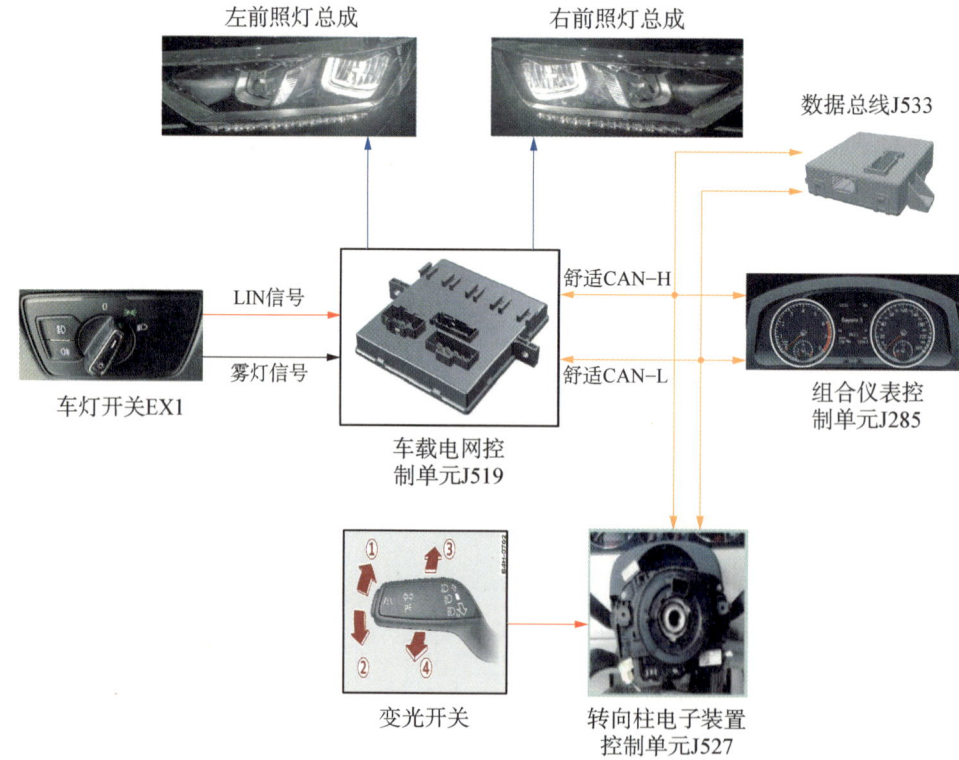

图 3-12 迈腾 B8 远光灯结构组成及控制原理

迈腾 B8 远光灯控制电路如图 3-13 所示,其工作过程如下:

(1) 灯光旋转开关旋至近光灯位置时,变光开关向下按动,开关内部接通远光灯控制触点,随即转向柱电子装置控制单元 J527 接收到远光灯开启的模拟信号,控制单元 J527 将这一个模拟信号转换为数字信号,通过舒适系统 CAN 总线将数据发给车载电网控制单元 J519 和组合仪表中控制单元 J285。

项目三 汽车灯光系统故障诊断与排除

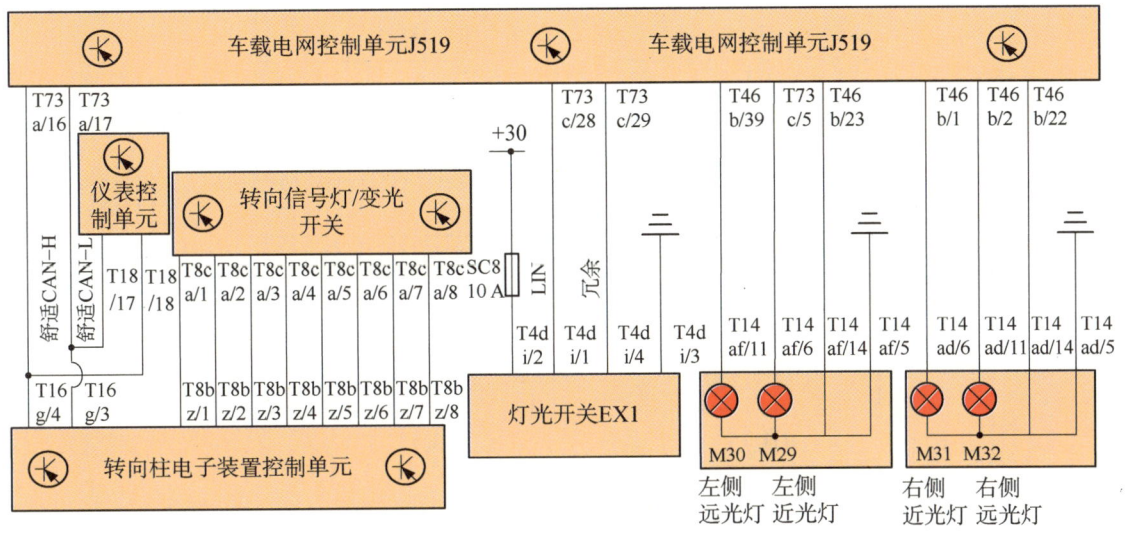

图 3-13 迈腾 B8 远光灯控制电路

① 控制单元 J519 接收到此信号后,分别接通左前、右前远光灯控制信号,所有远光灯点亮。

② 组合仪表中控制单元 J285 接收到此信号后,点亮仪表上的远光指示灯,提示驾驶员灯光状态。

(2) 任何时候变光开关向上拉动,开关内部接通超车灯控制触点,随即转向柱电子装置控制单元 J527 接收到超车灯开启的模拟信号,控制单元 J527 将这一个模拟信号转换为数字信号,通过舒适系统 CAN 总线将数据发给车载电网控制单元 J519 和组合仪表中控制单元 J285。

① 控制单元 J519 接收到此信号后,分别接通左前、右前远光灯控制信号,所有远光灯点亮。

② 组合仪表中控制单元 J285 接收到此信号后,点亮仪表上的远光指示灯,提示驾驶员灯光状态。松开变光开关,左前、右前远光灯和仪表上的远光指示灯熄灭。

二、故障分析

远光灯的常见故障有两侧或单侧灯光不亮、远光灯亮度不足、灯泡频繁烧坏等。以吉利远景远光灯系统为例进行分析,当一侧远光灯不亮时,由于另一侧远光灯正常,不考虑公共电路,主要的故障原因包括:远光灯熔丝自身故障、熔丝至远光灯继电器线路故障、远光灯灯泡自身故障,故障诊断流程如图 3-14 所示。

当出现两侧远光灯均不亮的故障时,此时可优先考虑两侧远光灯公共电路,故障主要原因包括:远光灯继电器自身故障、远光灯继电器电源及控制线路故障、变光开关自身及其线路故障、BCM 局部故障,故障诊断流程如图 3-15 所示。

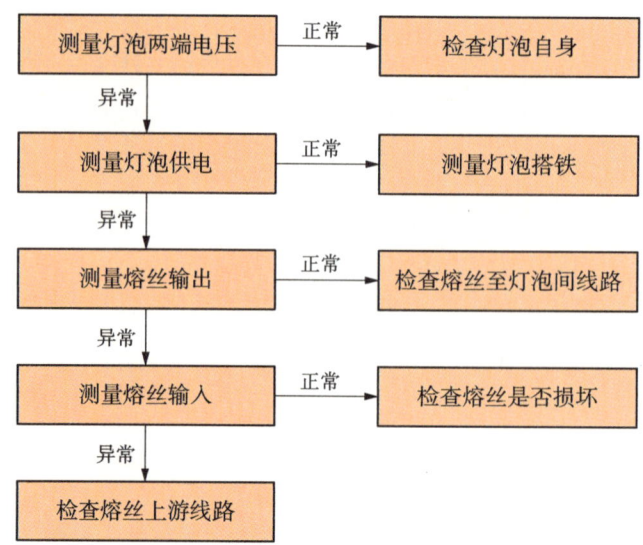

图 3-14 一侧远光灯不亮故障诊断流程

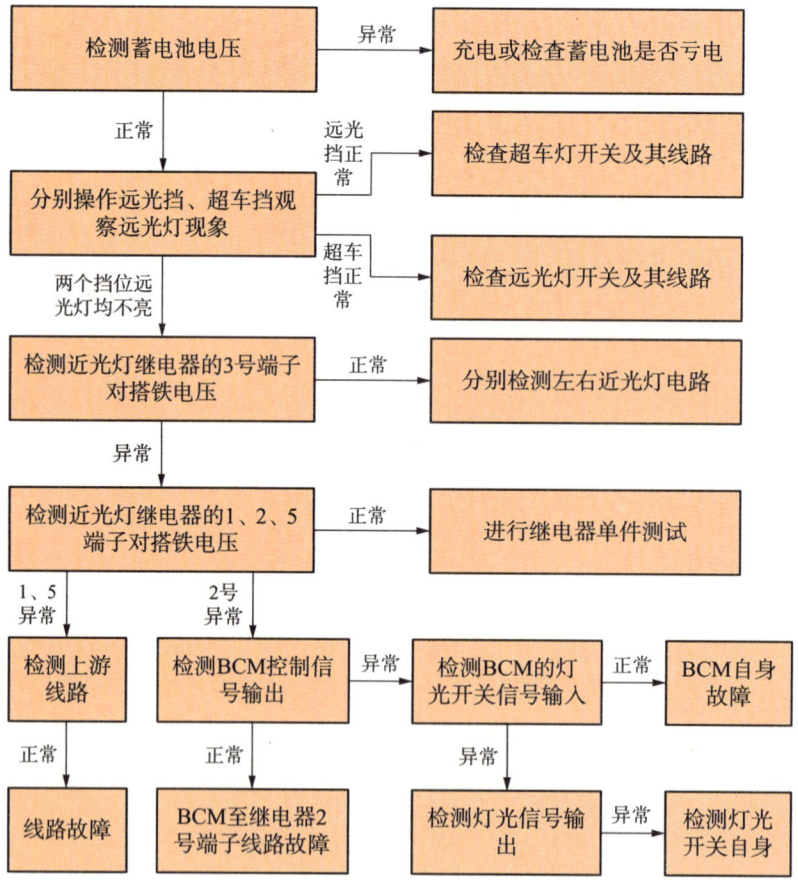

图 3-15 两侧远光灯均不亮故障诊断流程

项目三　汽车灯光系统故障诊断与排除

案例1　右侧远光灯不亮故障检修

（一）故障现象

一辆迈腾B8车辆，打开点火开关，操作灯光开关至近光灯挡，当变光开关在远光挡和超车挡时，右侧远光灯均不亮，左侧远光灯正常，其余灯光均正常。

（二）故障分析

如图3-16所示，根据现象可知，在打开远光灯时，左侧远光灯正常，说明J519能接收到灯光开关和变光开关的挡位信号；由于右侧近光灯M31和远光灯M32共用搭铁，而近光灯M31工作正常，说明右侧远光灯M32的搭铁无异常。可能的原因有：J519与右侧远光灯M32之间线路故障；远光灯M32自身故障；J519局部故障。

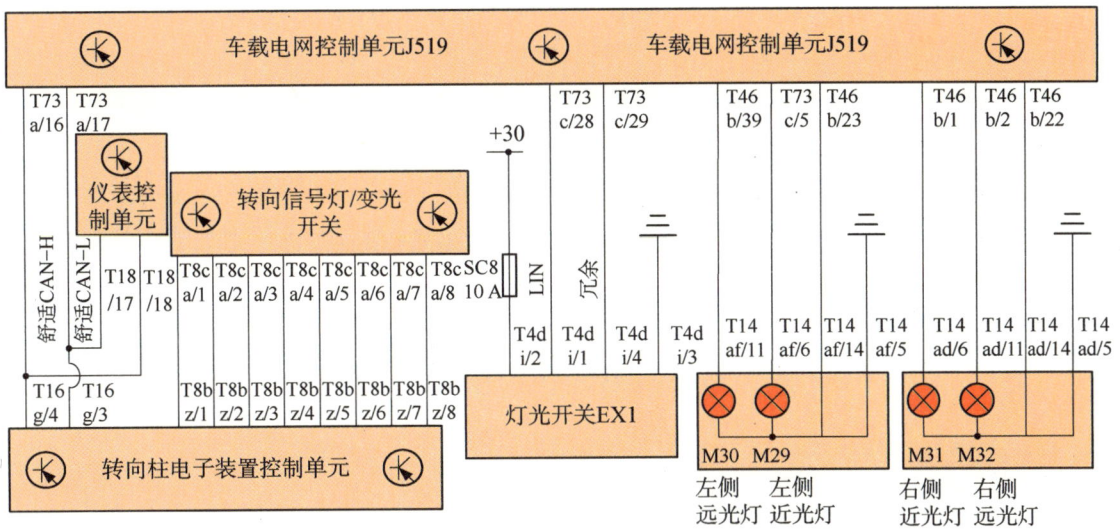

图3-16　远光灯系统电路

（三）故障诊断流程

第一步：读取故障码。

连接故障诊断仪，进入电子中央电气系统读取故障码，无故障码。

第二步：测量右侧远光灯M32供电。

如图3-17所示，打开点火开关，将灯开关EX1旋转至近光灯挡，操作变光开关至超车或远光挡，测量右侧远光灯M32的供电端子T14ad/11对搭铁电压，测量值为0 V，标准为+B，说明右侧远光灯M32供电异常，下步测量J519侧的电源输出。

图 3-17 远光灯 M32 供电测量

图 3-18 J519 侧的电源输出测量

第三步:测量 J519 侧的电源输出。

如图 3-18 所示,打开点火开关,将灯开关 EX1 旋转至近光灯挡,操作变光开关至超车或远光挡,测量 J519 侧 T46b/2 号端子对搭铁电压,测得 J519 的 T46b/2 号端子对搭铁电压为 12.4 V,正常。J519 的 T46b/2 号端子与 M32 的 T14ad/11 号端子为同一线路,两端存在+B 电压降,判断此线路断路。

由于 J519 的 T46b/2 号端子至右侧远光灯 M32 的 T14ad/11 号端子间线路断路,导致右侧远光灯无法接收到 J519 端的电源供给,导致打开远光挡时,右侧远光灯无法正常工作,右侧远光灯不亮,修复后,故障现象消失。

案例 2　灯光系统应急故障检修

(一) 故障现象

打开点火开关,仪表显示"故障:车辆照明"。

① 操作灯光开关在关闭挡时,近光灯、示宽灯异常点亮。

② 操作灯光开关至示宽灯挡时,示宽灯正常,近光灯异常点亮。

③ 打开点火开关,在示宽灯和近光灯挡操作雾灯开关,无法打开前后雾灯,其余灯光均正常。

(二) 故障分析

在迈腾轿车上,灯光系统的应急保护有两种情况,一种是 EX1 内部的 TFL、56、58 在任何情况下,必须只有一个端子电压为高电位,否则系统就会进入应急保护模式;另外一种是当后雾灯开关打开时,前雾灯开关也必须有正常打开时的信号输出,否则也会进入应急模式。

如图 3-19 所示,由于打开点火开关,灯光开关在关闭挡时,示宽灯、近光灯异常点亮;操作灯光开关至示宽灯时,近光灯异常点亮,且在示宽灯和近光灯挡操作雾灯开关,无法打开前后雾灯,说明 J519 未接收到正确的灯光开关信号,灯光系统进入应急模式。故障可能在灯光开关 EX1 及其相关线路。故障可能的原因有:J519 与灯光开关 EX1 之间线路故障;灯光开关 EX1 供电、搭铁及自身故障;J519 局部故障。

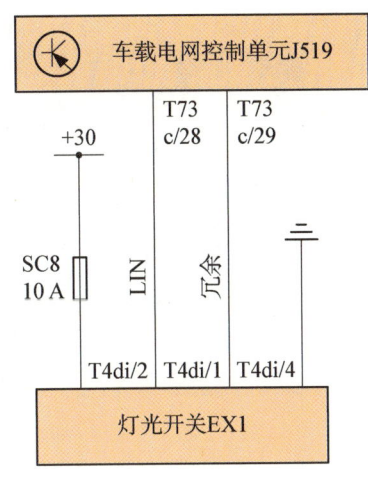

图 3-19 灯光开关电路

(三) 诊断流程

第一步: 如图 3-20 所示,读取故障码,U110B00,灯光开关-无通信-主动/静态。故障码说明灯光开关 EX1 至 J519 通信存在故障,可能为 EX1 自身及电源故障,EX1 开关至 J519 间线路故障,J519 局部故障。

国赛专用诊断系统>一汽大众V1.0.20.2>手动选择>09-电子中央电气系统			问题反馈
故障码	描述	码库类型	维修建议
U110B00	灯光开光-无通信-主动/静态		无

图 3-20 故障码读取

第二步: 测量灯光开关供电及搭铁。

测量灯光开关供电端子 T4di/2 对搭铁电压为 12.6 V,正常;测量灯光开关搭铁端子 T4di/3 对搭铁电压为 0 V,正常。实测结果表明灯光开关供电、搭铁均正常,下一步检测灯光开关 LIN 线信号。

第三步: 测量灯光开关侧的 LIN 线信号。

打开点火开关,用示波器测量灯光开关 T4di/1 号端子对搭铁波形,灯光开关 EX1 侧标准 LIN 线波形如图 3-21 所示,实测灯光开关 EX1 侧 LIN 线波形为+B 直线,如图 3-22 所示,波形异常。

第四步: 测量 J519 侧 LIN 线信号。

打开点火开关,用示波器测量 J519 的 T73c/28 号端子对搭铁波形,实测波形如图 3-23 所示,波形正常。由于 J519 的 T73c/28 号端子至灯光开关的 T4di/1 号端子 LIN 线波形不一致,且一端为+B 直线,判断 J519 的 T73c/28 号端子至灯光开关的 T4di/1 号端子之间的 LIN 线断路。

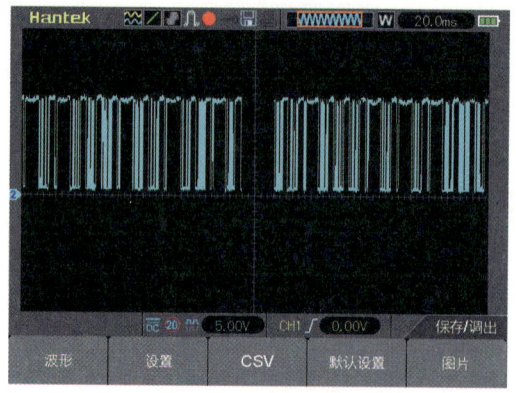 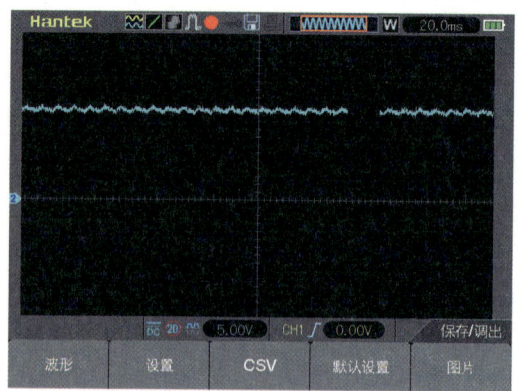

图 3-21　LIN 线标准波形　　　　　　　图 3-22　灯光开关 EX1 侧实测波形

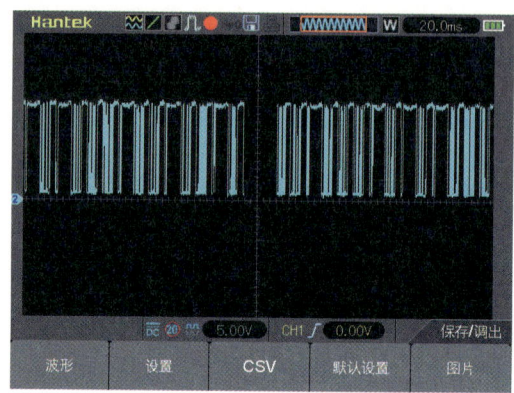

图 3-23　J519 侧 LIN 线实测波形

由于 J519 的 T73c/28 号端子至灯光开关的 T4di/1 号端子之间的 LIN 线断路，导致 J519 无法接收来自灯光开关的正确挡位信号，灯光系统进入应急模式。修复后，故障现象消失。

任务 3　示宽灯系统故障诊断与排除

1. 素质目标
(1) 培养学生的逻辑思维能力和创新能力。
(2) 培养学生具备诚信、严谨、规范、求真的职业精神。
(3) 培养学生具备能主动获取信息、团队协作与沟通交流的能力。

2. 知识目标
(1) 掌握示宽灯系统结构和工作原理。
(2) 掌握示宽灯系统电路分析方法和故障的诊断方法。

3. 能力目标
(1) 能对示宽灯系统故障成因进行判断分析。
(2) 能制定示宽灯系统常见故障的诊断流程。
(3) 能正确使用检测设备进行示宽灯系统故障的诊断与排除。

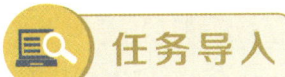

一辆轿车,打开点火开关,开启示宽灯时,所有示宽灯均不亮,其余灯光正常。请制定出故障的诊断流程,并对本车辆进行维修,填写故障诊断排除报告。

不同的车型示宽灯系统的控制逻辑也是不同的,本任务通过两种典型的示宽灯系统讲解系统工作原理和故障的诊断方法。

一、工作原理

(一) 吉利远景示宽灯系统工作原理

如图 3-24 所示,吉利远景示宽灯控制系统包括灯光组合开关、左前位置灯、右前位置灯、左后位置灯、右后位置灯、左后牌照灯、右后牌照灯、车身控制模块 BCM 等元器件。

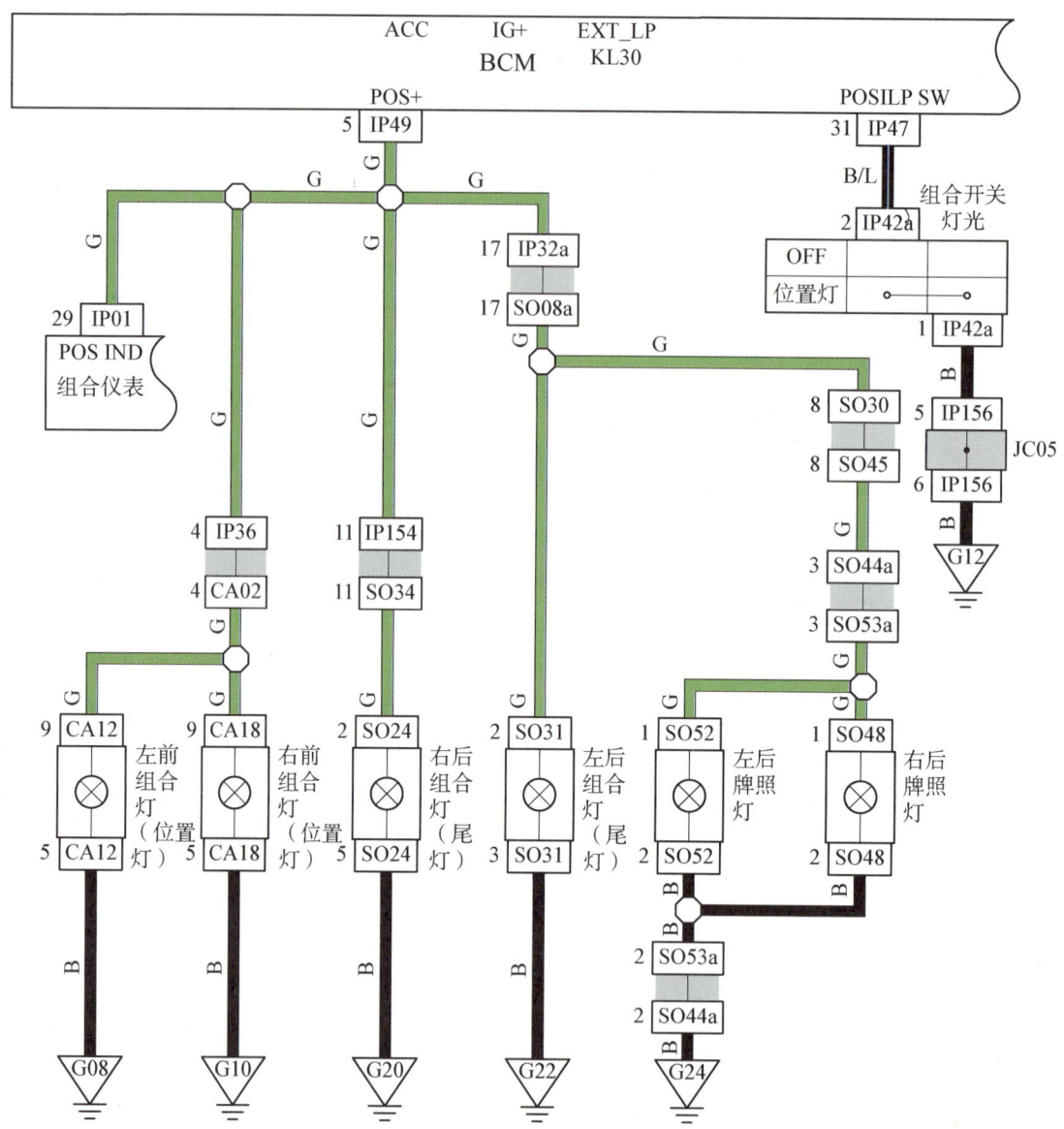

图 3-24 吉利示宽灯结构组成及控制原理

当打开点火开关,灯光开关旋至示宽灯挡位置时,车身控制模块 BCM 接收到示宽灯的开关闭合信号,车身控制模块 BCM 接收到示宽灯开关信号电压由 12 V 变为 0 V,接收到此电压信号变化后,车身控制模块 BCM 分别接通左前、右前、左后、右后位置灯及左后、右后牌照灯。

(二) 迈腾 B8 示宽灯系统工作原理

如图 3-25 所示,迈腾 B8 示宽灯控制系统通过车载电网控制单元 J519 集中控制,系统包含以下元器件:灯光旋转开关 EX1、左前照灯总成、右前照灯总成、左后尾灯总成、右后尾灯总成、组合仪表控制单元 J285、车载电网控制单元 J519 等。

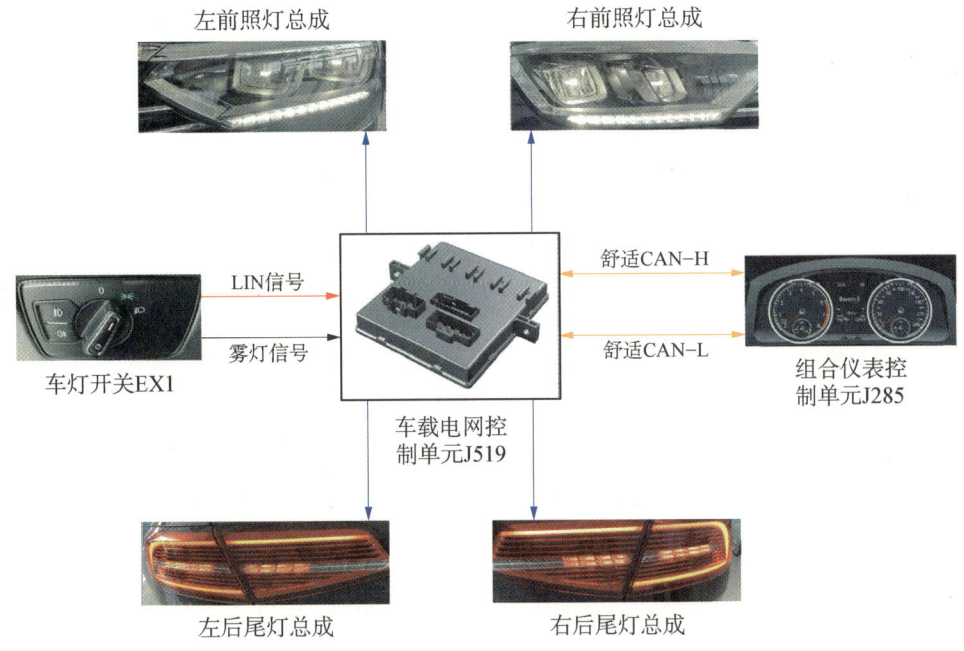

图 3-25 迈腾 B8 示宽灯结构组成及控制原理

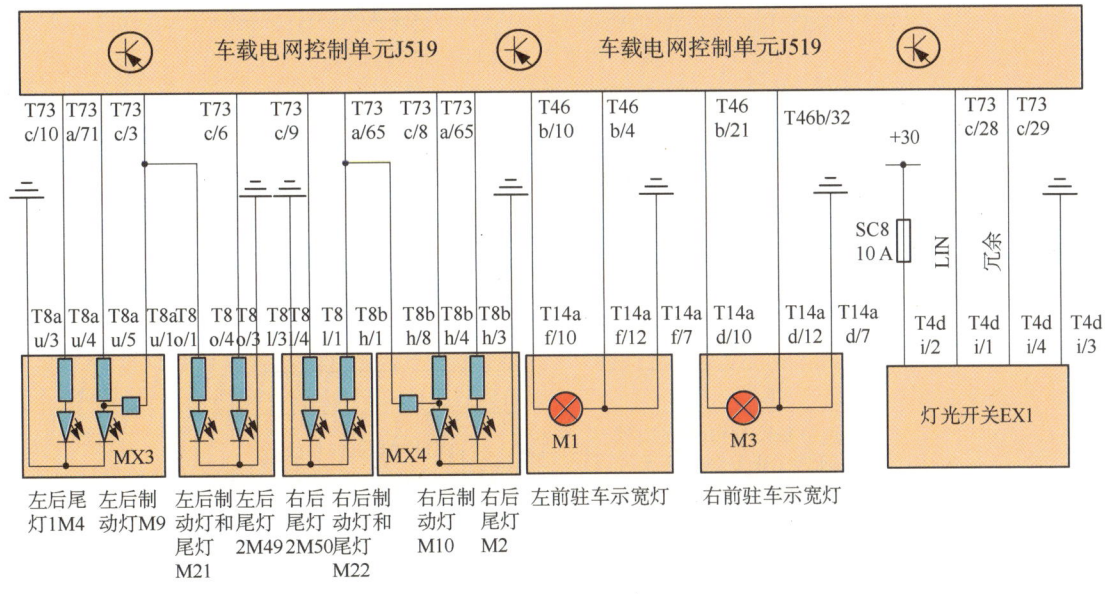

图 3-26 迈腾 B8 示宽灯控制电路

迈腾 B8 示宽灯控制电路如图 3-26 所示，灯光旋转开关旋至示宽灯位置时，灯光开关 EX1 模块接收到示宽灯开启信号，EX1 模块将接收到的模拟电压信号转换为数字信号，通过 LIN 数据线将此信号发送至车载电网控制单元 J519。控制单元 J519 接收到此信号后，分别接通左前、右前、左后、右后示宽灯控制信号，所有示宽灯点亮。系统为了更好地监测和控制左、右侧示宽灯的开启和关闭，左、右侧示宽灯电源均由车载电网控制单元 J519 提供并控制。

二、故障分析

示宽灯的常见故障有示宽灯全部不亮、某个示宽灯不亮等，下面以吉利汽车示宽灯控制系统为例进行分析。造成某个示宽灯不亮的故障可能的原因有：示宽灯灯泡损坏、示宽灯配线或搭铁有故障、车身控制模块 BCM 局部故障等。某个示宽灯不亮诊断流程如图 3-27 所示。

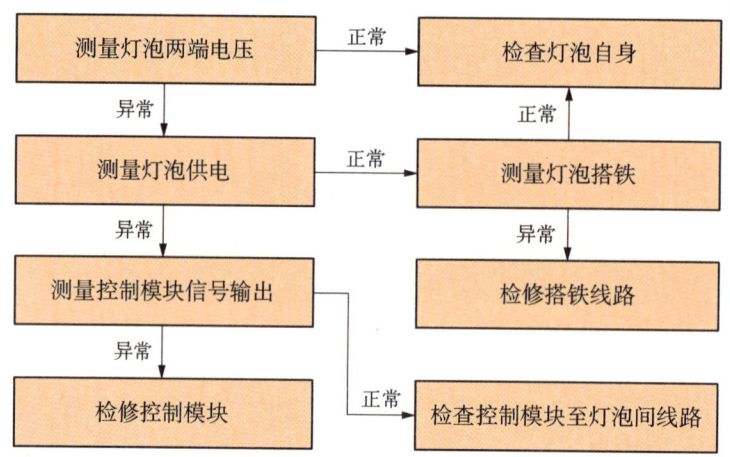

图 3-27　某个示宽灯不亮故障诊断流程

造成示宽灯全部不亮的故障可能的原因有：灯光开关损坏、车身控制模块 BCM 局部故障、车身控制模块 BCM 到车灯开关之间的线路断路、车灯开关搭铁故障等，其故障诊断流程如图 3-28 所示。

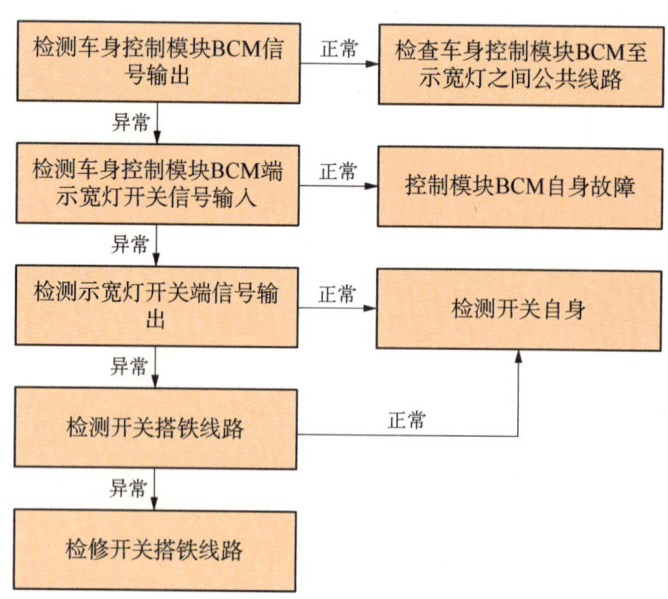

图 3-28　示宽灯均不亮故障诊断流程

案例　右前示宽灯不亮故障检修

（一）故障现象

一辆迈腾 B8 车辆，打开点火开关，操作灯光开关至小灯挡时，右前示宽灯不亮，其余灯光均正常。

（二）故障分析

如图 3-29 所示，根据现象可知，由于右前示宽灯不亮，其余灯光正常，故障可能原因有右前示宽灯自身故障，右前示宽灯至 J519 线路故障，J519 局部故障。

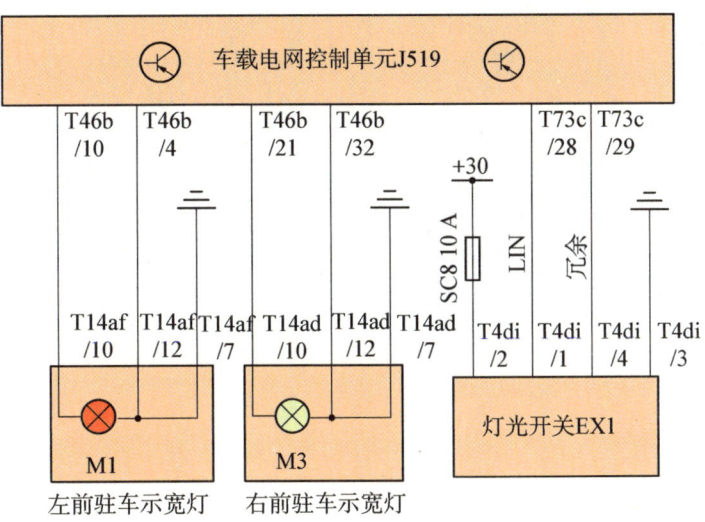

图 3-29　示宽灯控制电路

（三）诊断流程

第一步：测量右前示宽灯供电。

打开点火开关，打开示宽灯挡，用示波器测量右前示宽灯 T14ad/10 号端子对搭铁波形，标准为 0—12 V 方波，如图 3-30 所示；实测为 0 V 直线，如图 3-31 所示。说明右前示宽灯供电异常，下步测量 J519 端信号输出。

第二步：测量 J519 端信号输出。

打开点火开关，打开示宽灯挡，用示波器测量 J519 的 T46b/21 号端子对搭铁波形，标准为 0—12 V 方波，实测为 0—12 V 方波，如图 3-32 所示。

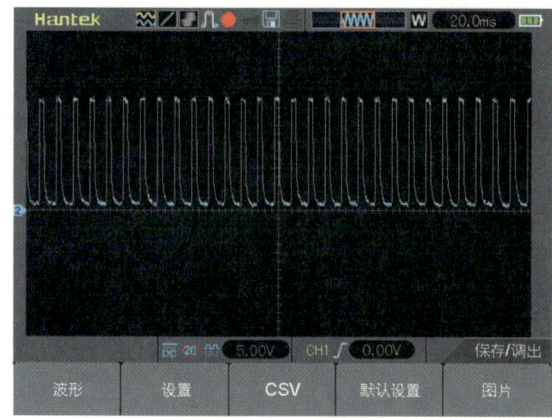
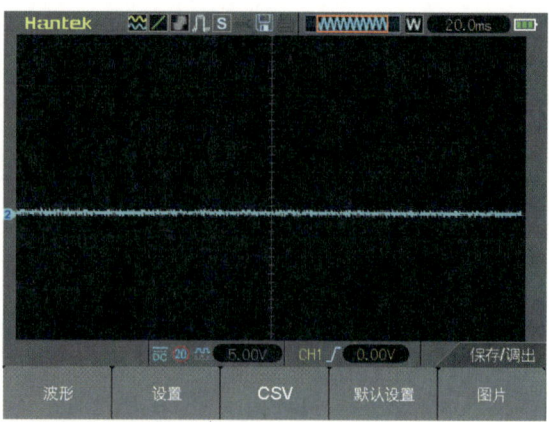

图3-30 示宽灯供电标准波形　　　　　　图3-31 示宽灯供电实测波形

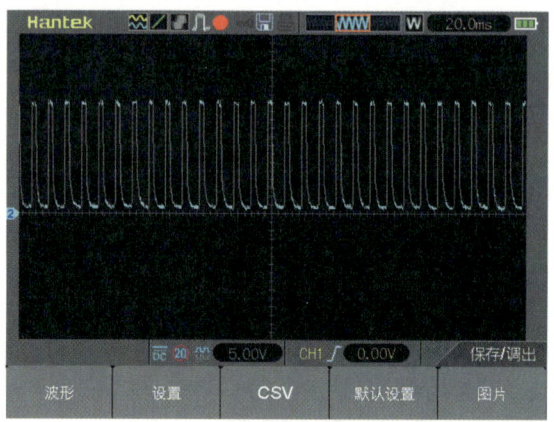

图3-32 J519端信号输出波形

J519 的 T46b/21 号端子至右前示宽灯 T14ad/10 号端子一端为 0 V 直线，一端为 0—12 V 方波，判断为线路断路，修复线路后右前示宽灯工作正常。

任务 4　雾灯系统故障诊断与排除

 学习目标

1. 素质目标
（1）培养学生的逻辑思维能力和创新能力。
（2）培养学生具备诚信、严谨、规范、求真的职业精神。
（3）培养学生具备能主动获取信息、团队协作与沟通交流的能力。

2. 知识目标
（1）掌握雾灯系统结构和工作原理。
（2）掌握雾灯系统电路分析方法和故障的诊断方法。

3. 能力目标
（1）能对雾灯系统故障成因进行判断分析。
（2）能制定雾灯系统常见故障的诊断流程。
（3）能正确使用检测设备进行雾灯系统故障的诊断与排除。

 任务导入

一辆轿车，打开点火开关，开启雾灯时，前雾灯正常点亮，后雾灯不亮。请制定出故障的诊断流程，并对本车辆进行维修，填写故障诊断排除报告。

知识链接

不同的车型雾灯系统的控制逻辑也是不同的，本任务通过两种典型的雾灯系统讲解系统工作原理和故障的诊断方法。

一、工作原理

（一）吉利远景雾灯系统工作原理

如图 3-33 所示，吉利远景雾灯控制系统包括灯光组合开关、左前雾灯、右前雾灯、后雾灯、雾灯继电器、车身控制模块 BCM 等元器件。

雾灯控制系统故障诊断分析

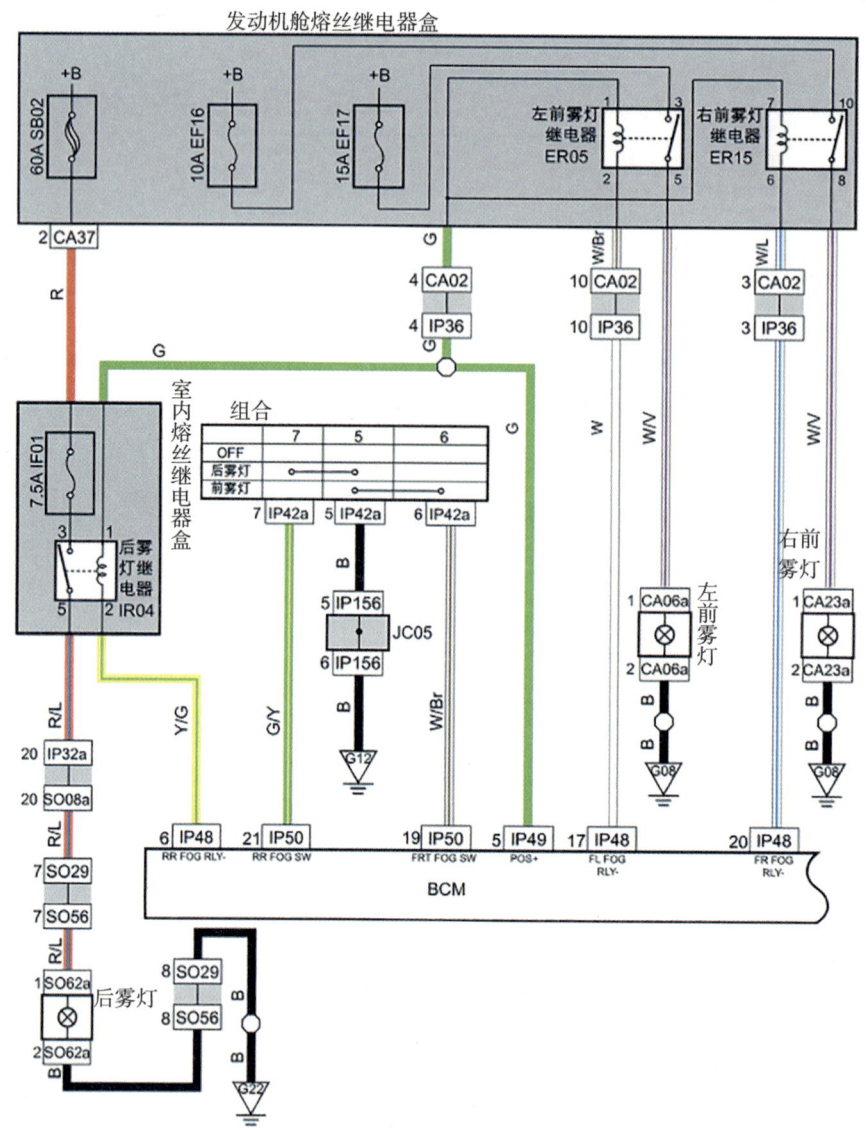

图 3-33 吉利雾灯结构组成及控制原理

前雾灯开启的控制过程如下：当打开点火开关，灯光开关旋至前雾灯挡位置时，车身控制模块 BCM 接收到前雾灯开关闭合信号，前雾灯开关信号电压由 12 V 变为 0 V，车身控制模块 BCM 接收到此电压信号变化后，车身控制模块 BCM 发出对前雾灯继电器的控制指令，此时其回路为：一路从控制模块 BCM 的 5 号端子→左前雾灯继电器线圈 1 号、2 号端子→控制模块 BCM→搭铁→蓄电池负极，使左前雾灯继电器开关闭合；另一路从蓄电池正极＋B→熔丝 EF17→左前雾灯继电器 3 号、5 号端子→左前雾灯 1 号端子→搭铁→蓄电池负极，左前雾灯点亮。右前雾灯工作回路与左前雾灯工作回路相同。

后雾灯开启的控制过程如下：当打开点火开关，灯光开关旋至后雾灯挡位置时，车身控制模块 BCM 接收到后雾灯开关闭合信号，后雾灯开关信号电压由 12 V 变为 0 V，车身控制模块 BCM 接收到此电压信号变化后,车身控制模块 BCM 发出对后雾灯继电器的控制指令,此时其回路为:一路从控制模块 BCM 的 5 号端子→后雾灯继电器线圈 1 号、2 号端子→控制模块 BCM→搭铁→蓄电池负极,使后雾灯继电器开关闭合;另一路从蓄电池正极＋B→熔丝 IF01→后雾灯继电器 3 号、5 号端子→后雾灯 1 号端子→搭铁→蓄电池负极,后雾灯点亮。

(二) 迈腾 B8 雾灯系统工作原理

如图 3-34 所示,迈腾 B8 雾灯通过车载电网控制单元 J519 进行控制,雾灯系统组成部分包括:灯光旋转开关、前雾灯开关、后雾灯开关、左前雾灯总成、右前雾灯总成、左后尾灯总成、数据总线诊断接口 J533、组合仪表控制单元 J285、车载电网控制单元 J519 等。

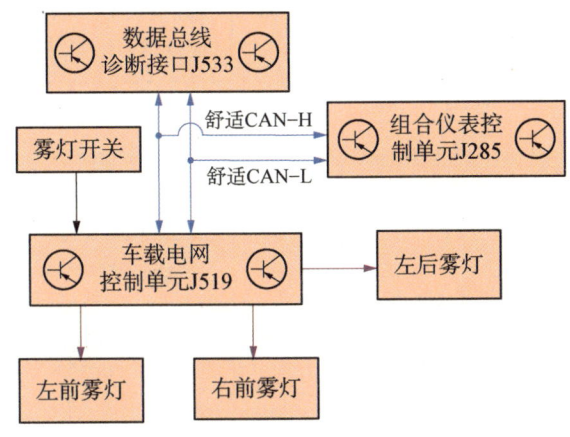

图 3-34 迈腾 B8 雾灯结构组成及控制原理

迈腾 B8 雾灯控制电路如图 3-35 所示,按下前雾灯开关,前雾灯开关信号接通,灯光旋转开关模块接收到前雾灯开启信号,模块将接收到的模拟电压信号转换为数字信号,通过开关模块 LIN 数据线将此信号发送至车载电网控制单元 J519。控制单元 J519 接收到此信号后,接通前雾灯电路,前雾灯点亮。

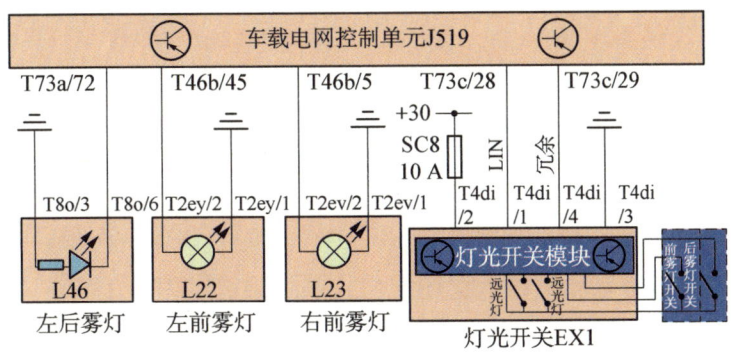

图 3-35 迈腾 B8 雾灯控制电路

在前雾灯开关开启状态下,再按下后雾灯开关,后雾灯开关信号接通,灯光旋转开关模块接收到后雾灯开启信号,模块将接收到的模拟电压信号转换为数字信号,通过开关模块LIN数据线将此信号发送至车载电网控制单元J519。控制单元J519接收到此信号后,接通车外左后雾灯电路,左后雾灯点亮。

二、故障分析

雾灯系统常见的故障现象有后雾灯不亮,前雾灯一侧不亮,两侧前雾灯均不亮,前后雾灯均不亮等。当出现一侧前雾灯不亮时,故障原因可能为雾灯灯泡自身故障、灯泡供电及搭铁线路故障等,以吉利远景雾灯系统为例,其左前雾灯故障诊断流程如图3-36所示。

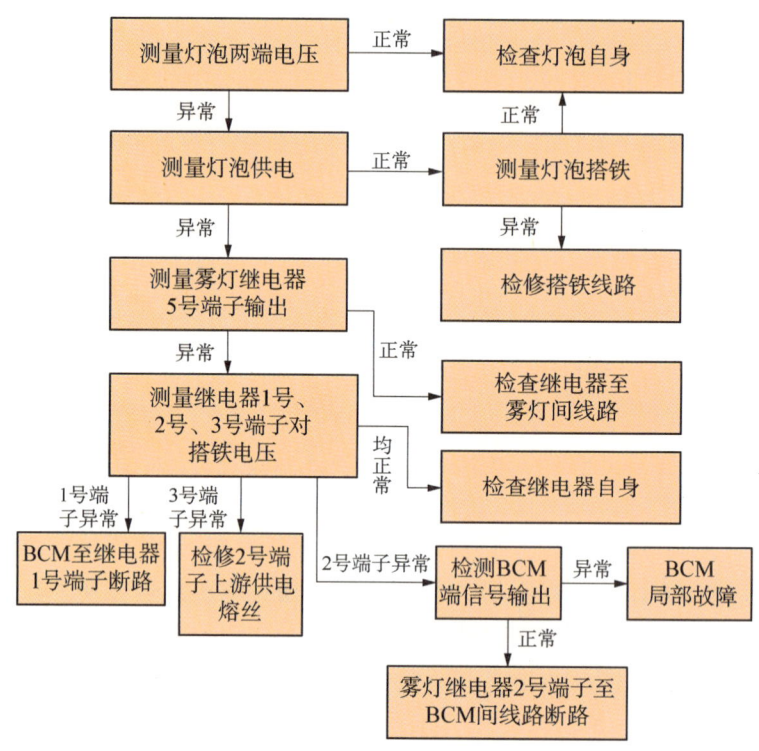

图3-36 左前雾灯不亮故障诊断流程

当出现两侧前雾灯均不亮或者前后雾灯均不亮故障时,此时应优先考虑公共部分造成的影响,主要包括雾灯开关及其线路、BCM及其控制线路等。

案例 雾灯不亮故障检修

(一)故障现象

一辆迈腾B8轿车,打开点火开关,开启示宽灯挡,小灯点亮迟钝,开启近光灯挡,近光灯点亮迟钝;小灯挡位时开启前后雾灯,前后雾灯不亮,近光灯挡位时开启前后雾灯,前后雾灯不亮;其他灯光正常。

(二) 故障分析

如图 3-37 所示,根据故障现象分析,导致示宽灯、近光灯点亮延迟,前后雾灯都不亮的可能原因有:车灯开关自身故障,J519 至车灯开关之间线路故障,J519 局部故障等。

(三) 诊断流程

第一步:读取故障码,无故障码。

第二步:读取相关数据流。

打开点火开关,操作灯光开关,用诊断仪读取灯光开关的数据组:

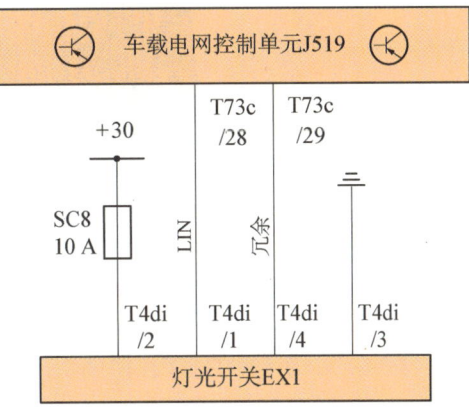

图 3-37 系统控制电路

断开:激活→未激活→未激活(标准:激活→未激活→未激活)。

示宽灯:未激活→激活→未激活(标准:未激活→激活→未激活)。

近光灯:未激活→未激活→激活(标准:未激活→未激活→激活)。

冗余信号:断开→断开→断开(标准:断开→小灯挡→近光灯挡)。

根据故障现象和灯光开关的数据流说明,灯光系统没有进入应急模式,说明灯光开关与 J519 之间的 LIN 线通信正常,可能为灯光开关的冗余信号存在故障。

第三步:测量 J519 端的开关冗余信号输入。

打开点火开关,操作灯光开关到不同的挡位,用示波器测量 J519 的 T73a/29 号端子对搭铁波形,正常波形为灯光开关打到不同挡位后,波形幅值会在 0 V 到 +B 之间变化,如图 3-38 ~ 图 3-40 所示。

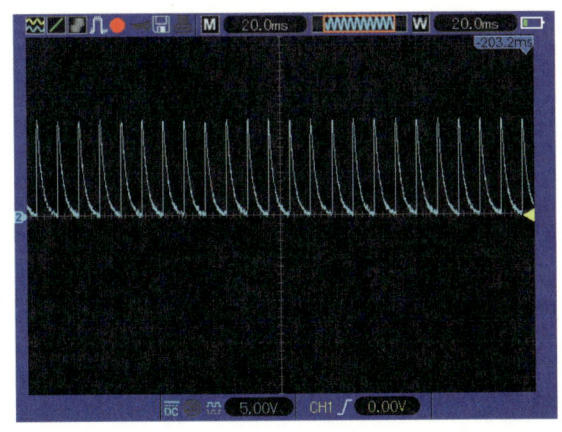

图 3-38 灯光开关关闭挡时冗余信号标准波形

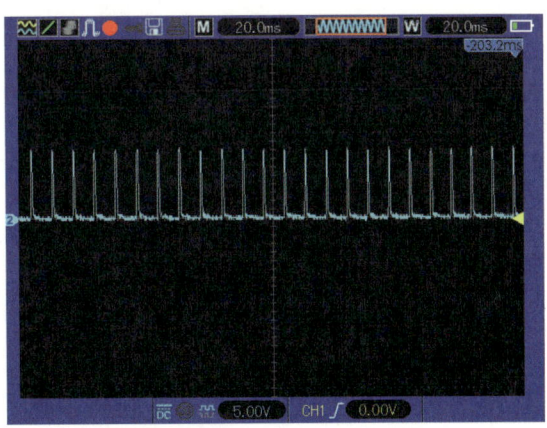

图 3-39 灯光开关小灯挡时冗余信号标准波形

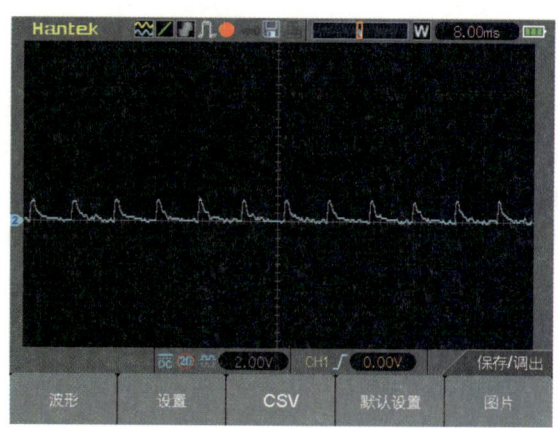

图 3-40　灯光开关前照灯挡时冗余信号标准波形

实测波形为+B 的直线,说明 J519 没有收到正确的开关挡位信号。

第四步:测量灯光开关 EX1 的冗余信号输出。

打开点火开关,操作灯光开关到不同的挡位,用示波器测量 EX1 的 T4di/4 号端子的对搭铁波形,正常波形为灯光开关打到不同挡位后,波形幅值会在 0 V 到+B 之间变化。实测波形为 0 V 的直线,说明灯光开关 EX1 的 T4di/4 号端子至 J519 的 T73a/29 号端子之间的线路存在断路故障,修复线路后故障排除。

任务 5　危险警告灯系统故障诊断与排除

1. 素质目标
(1) 培养学生的逻辑思维能力和创新能力。
(2) 培养学生具备诚信、严谨、规范、求真的职业精神。
(3) 培养学生具备能主动获取信息、团队协作与沟通交流的能力。

2. 知识目标
(1) 掌握危险警告灯系统结构和工作原理。
(2) 掌握危险警告灯系统电路分析方法和故障的诊断方法。

3. 能力目标
(1) 能对危险警告灯系统故障成因进行判断分析。
(2) 能制定危险警告灯系统常见故障的诊断流程。
(3) 能正确使用检测设备进行危险警告灯系统故障的诊断与排除。

任务导入

一辆轿车,打开点火开关,操作转向开关时,所有转向灯均正常;操作危险警告开关时,所有转向灯均不亮,其余灯光正常。请制定出故障的诊断流程,并对本车辆进行维修,填写故障诊断排除报告。

知识链接

不同的车型危险警告灯系统的控制逻辑也是不同的,本任务通过两种典型的危险警告灯系统讲解系统工作原理和故障的诊断方法。

一、工作原理

(一) 吉利远景危险警告灯系统工作原理

如图 3-41 所示,吉利远景危险警告灯控制系统包括灯光组合开关、左前转向灯、右前转向灯、左后转向灯、右后转向灯、车外后视镜转向灯、危险警告开关、车身控制模块 BCM 等元器件。

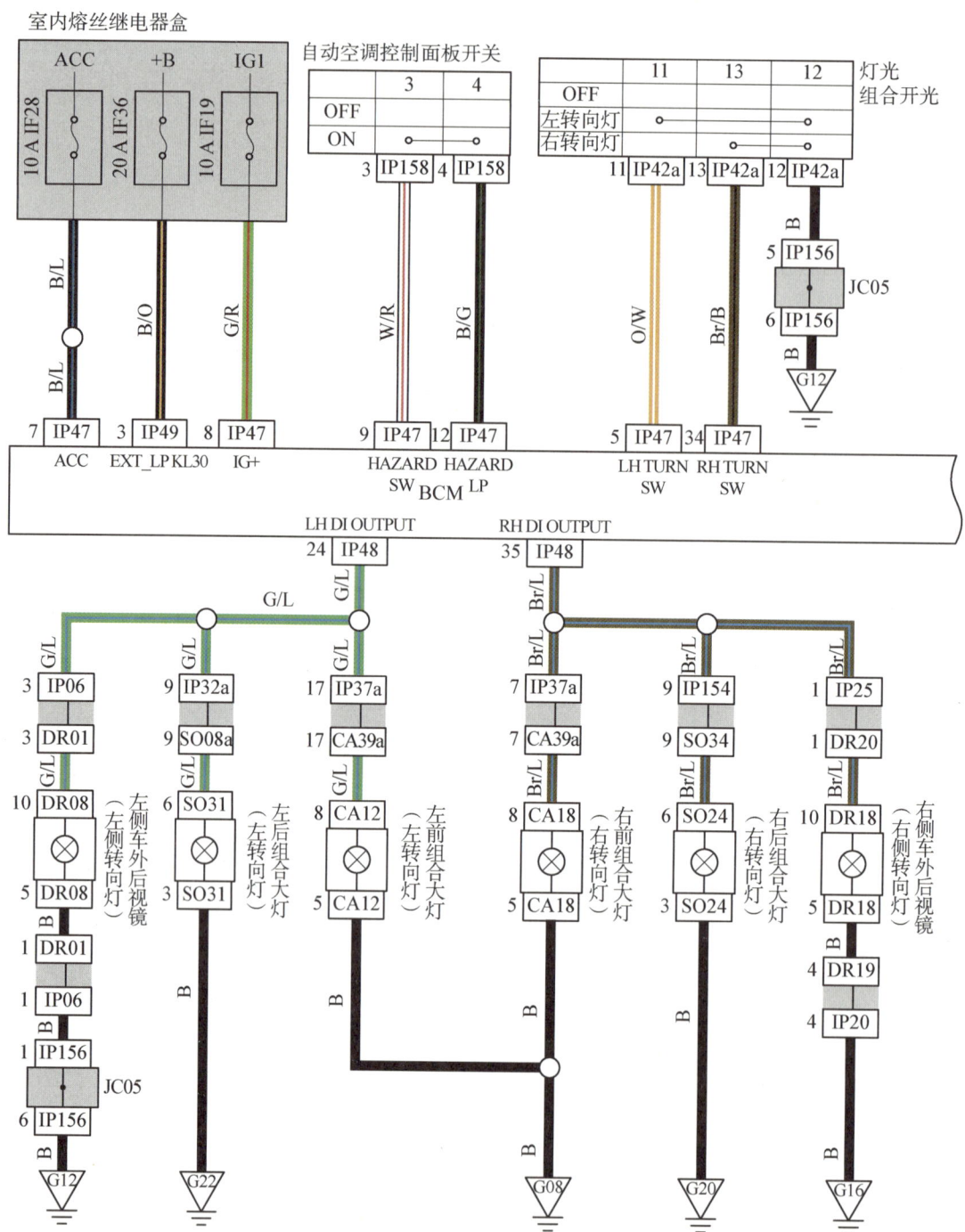

图 3-41 吉利危险警告灯结构组成及控制原理

当打开点火开关,灯光组合开关拨至左转向位置时,开关内部 11 和 12 号端子导通,此时车身控制模块 BCM IP47 的 5 号端子至开关 IP42a 的 11 号端子信号线电压被拉低至 0 V,车身控制模块 BCM 接收到此信号变化后,通过其 IP48 的 24 号端子分别给左前转向灯、左后转向灯、左侧车外后视镜转向灯供电。

当打开点火开关,灯光组合开关拨至右转向位置时,开关内部13和12号端子导通,此时车身控制模块BCM IP47的34号端子至开关IP42a的13号端子信号线电压被拉低至0 V,车身控制模块BCM接收到此信号变化后,通过其IP48的35号端子分别给右前转向灯、右后转向灯、右侧车外后视镜转向灯供电。

(二) 迈腾B8危险警告灯系统工作原理

如图3-42所示,迈腾B8转向灯、警告灯控制系统通过车载电网控制单元J519集中控制,系统包含转向/变光开关、警告灯开关、左前大灯总成、右前大灯总成、左后尾灯总成、右后尾灯总成、左侧后视镜总成、右侧后视镜总成、数据总线诊断接口J533、组合仪表控制单元J285、车载电网控制单元J519、转向柱电子装置控制单元J527、驾驶员侧车门控制单元J386、前排乘员侧车门控制单元J387等元器件。

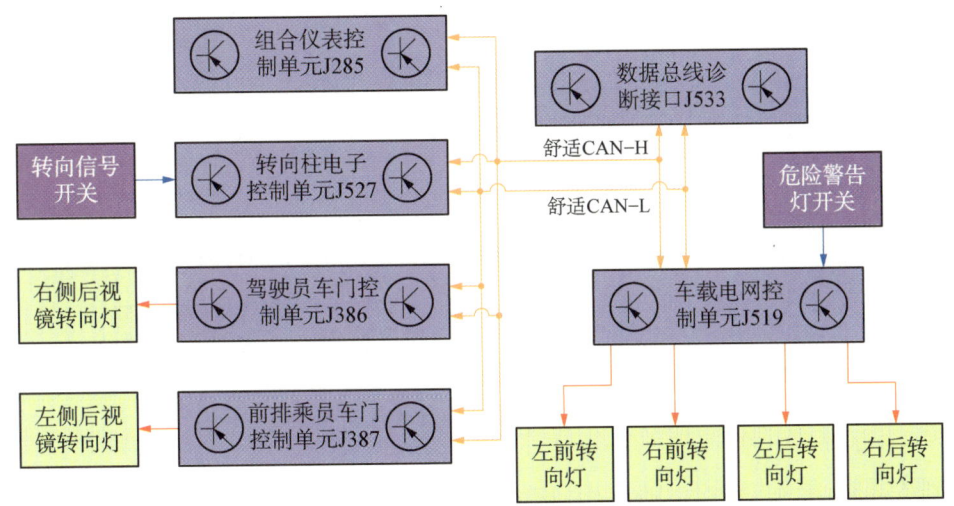

图3-42 迈腾B8示宽灯结构组成及控制原理

1. 迈腾B8转向灯开关

如图3-43所示为迈腾B8转向信号灯开关电路,打开点火开关至ON挡,向前拨动转向开关,接通开关内部右转向灯触点,随即转向柱电子装置控制单元J527接收到右转向灯开启的模拟信号,控制单元J527将这一个模拟信号转换为数字信号,通过舒适系统CAN总线将数据发给车载电网控制单元J519和组合仪表控制单元J285。

打开点火开关至ON挡,向后拨动转向开关,接通开关内部左转向灯触点,随即转向柱电子装置控制单元J527接收到左转向灯开启的模拟信号,控制单元J527将这一个模拟信号转换为数字信号,通过舒适系统CAN总线将数据发给车载电网控制单元J519和组合仪表控制单元J285。

2. 迈腾B8危险警告灯开关

危险警告灯是一种提醒其他车辆与行人注意本车发生了特殊情况的信号灯。在驾车过

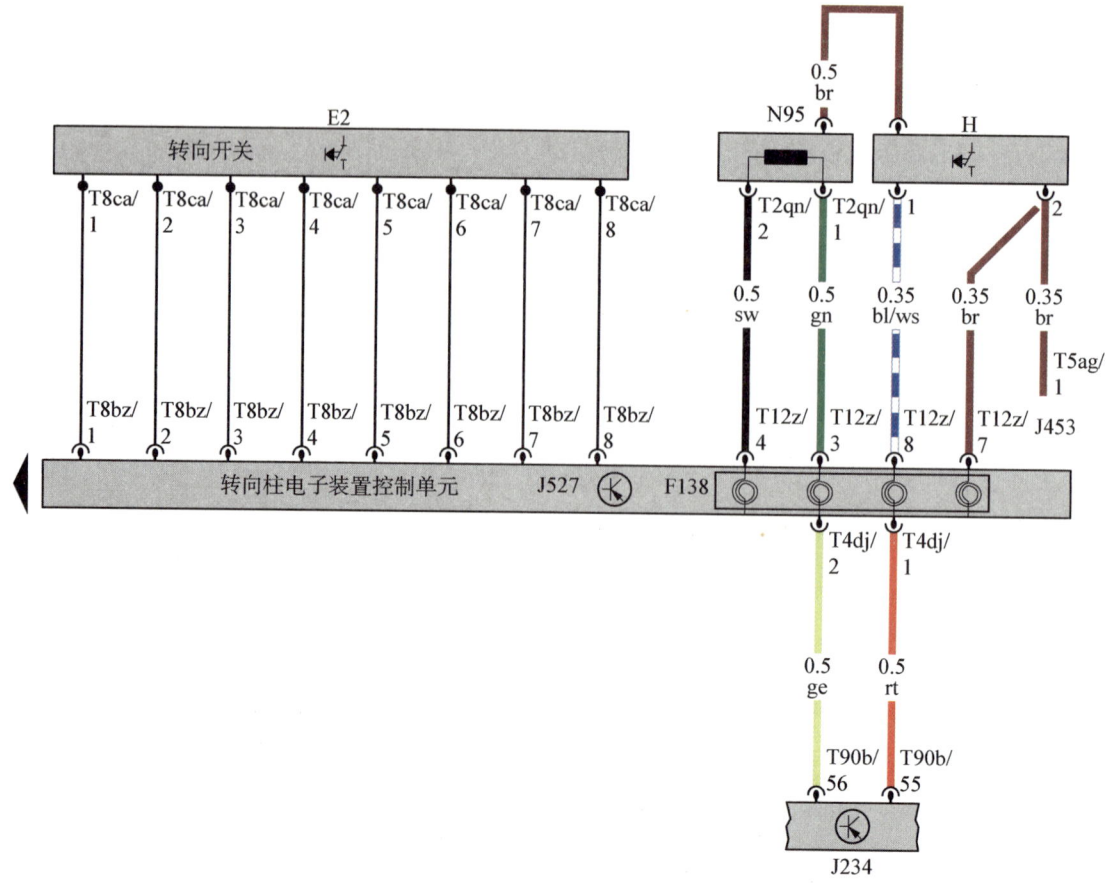

图 3-43 迈腾 B8 转向信号灯开关电路

程中遇到浓雾时,能见度低于 100 m 时,由于视线不好,不但应该开启前、后雾灯,还应该开启危险警告灯,以提醒过往车辆及行人的注意,特别是后方行驶的车辆,保持应有的安全距离和必要的安全车速,避免紧急制动引起追尾。

任何时候按下危险警告灯开关,开关内部触点接通,随即车载电网控制单元 J519 就可接收到危险警告灯开关开启的模拟信号,控制单元 J519 控制危险警告灯开关上的危险警告指示灯闪烁;同时,控制单元 J519 将这一个模拟信号转换为数字信号,通过舒适系统 CAN 总线将数据传递给组合仪表控制单元 J285,见图 3-44。

3. 迈腾 B8 转向灯、危险警告灯工作过程

(1) 打开点火开关至 ON 挡,向前拨动转向开关,接通开关内部右转向灯触点,随即转向柱电子装置控制单元 J527 接收到右转向灯开启的模拟信号,控制单元 J527 将这一个模拟信号转换为数字信号,通过舒适系统 CAN 总线将数据发给车载电网控制单元 J519、组合仪表控制单元 J285、前排乘员侧车门控制单元 J387。

① 车载电网控制单元 J519 接收到右转向灯开启的模拟信号后,接通右前转向灯和右后转向灯。

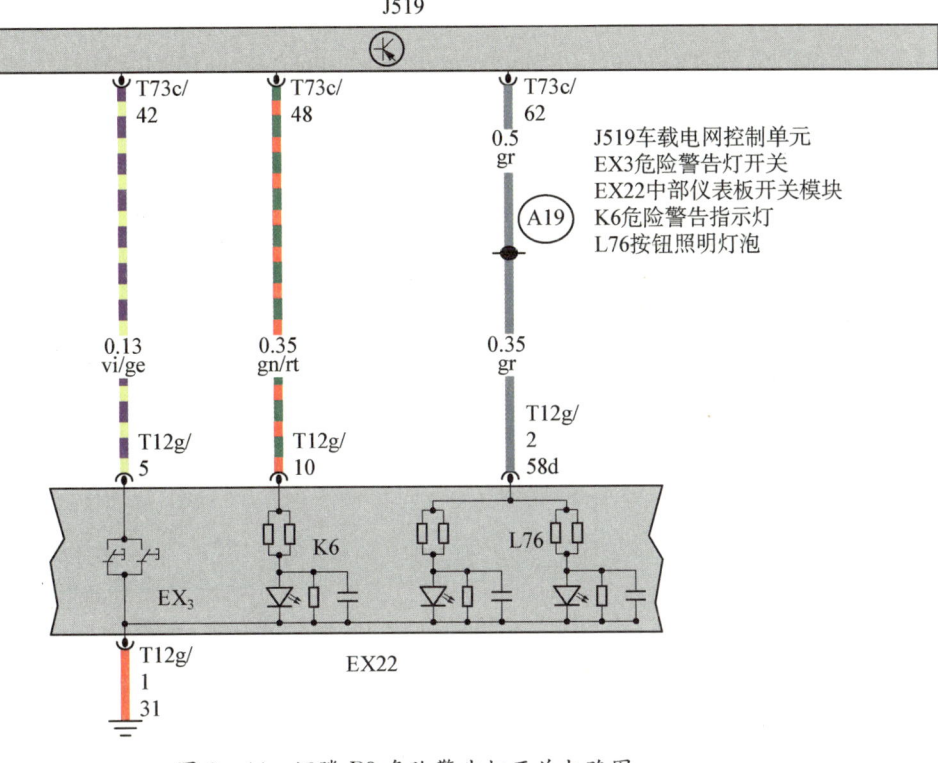

图 3-44 迈腾 B8 危险警告灯开关电路图

② 组合仪表控制单元 J285 通过舒适数据总线接收到此信号后,点亮控制单元 J285 内部的右转向指示灯,提示驾驶员转向灯状态。

③ 前排乘员侧车门控制单元 J387 通过舒适数据总线接收到此信号后,点亮右侧后视镜上的右转向指示灯来提醒行人以及外部车辆。

(2) 打开点火开关至 ON 挡,向后拨动转向开关,接通开关内部左转向灯触点,随即转向柱电子装置控制单元 J527 接收到左转向灯开启的模拟信号,控制单元 J527 将这一个模拟信号转换为数字信号,通过舒适系统 CAN 总线将数据发给车载电网控制单元 J519、组合仪表控制单元 J285、驾驶员侧车门控制单元 J386。

① 车载电网控制单元 J519 接收到左转向灯开启的模拟信号后,接通左前转向灯和左后转向灯。

② 组合仪表控制单元 J285 通过舒适数据总线接收到此信号后,点亮控制单元 J285 内部的左转向指示灯,提示驾驶员转向灯状态。

③ 驾驶员侧车门控制单元 J386 通过舒适数据总线接收到此信号后,点亮左侧后视镜上的左转向指示灯来提醒行人以及外部车辆。

(3) 任何时候按下危险警告灯开关,开关内部触点接通,随即车载电网控制单元 J519 就可接收到危险警告灯开关开启的模拟信号,控制单元 J519 控制危险警告灯开关上的危险警告指示灯闪烁;同时,控制单元 J519 将这一个模拟信号转换为数字信号,通过舒适系统 CAN

总线将数据传递给组合仪表控制单元 J285、驾驶员侧车门控制单元 J386、前排乘员侧车门控制单元 J387。

① 车载电网控制单元 J519 接收到危险警告灯开关开启的模拟信号后，接通左前、左后、右前、右后转向灯。

② 组合仪表控制单元 J285 通过舒适数据总线接收到此信号后，点亮控制单元 J285 内部的左转向、右转向指示灯，提示驾驶员危险警告灯状态。

③ 驾驶员侧车门控制单元 J386、前排乘员侧车门控制单元 J387 通过舒适数据总线接收到此信号后，点亮左、右两侧后视镜上的转向指示灯来提醒行人以及外部车辆。

二、故障分析

危险警告灯系统常见的故障现象有：打开点火开关，操作转向灯开关时，某侧转向灯均不亮；操作转向灯开关时，个别转向灯不亮；按下危险警告灯开关，个别转向灯不亮；按下危险警告灯开关，所有转向灯全部不亮。以迈腾 B8 系统为例，其故障诊断思路如下。

（1）拨动转向灯开关，观察两侧转向灯、仪表上转向指示灯是否闪烁正常，如果异常，则可能的故障原因有：转向灯开关及线路故障、J527 电源及线路故障、J519 及相关线路故障、J519 至各个转向灯控制线路故障、转向灯自身故障、各个转向灯搭铁以及线路故障、舒适 CAN 数据总线故障。

（2）按下危险警告灯开关，观察车外所有转向灯是否闪烁正常，仪表上左、右两侧转向指示灯是否闪烁正常。如果异常，则可能的故障原因有：危险警告灯开关及线路故障、车载电网控制单元 J519 局部故障、舒适 CAN 数据总线故障、J519 至左、右侧各个转向灯控制信号线路故障、转向灯自身故障、各转向灯搭铁及线路故障。

（3）如果一侧转向灯异常，可通过打开危险警告灯开关，启动危险警告灯，让全部转向灯工作。如果在危险警告灯开启状态下，所有转向灯正常，则可能的故障原因有：转向灯开关及线路故障、转向柱电子装置控制单元 J527 电源故障、舒适 CAN 数据总线局部故障、J519 局部故障。

（4）如果在危险警告灯开启状态下，某侧转向灯仍异常，则可能的故障原因为：某侧转向灯控制信号线路故障、转向灯自身故障、转向灯搭铁及线路故障。

案例　左前转向灯不亮故障检修

（一）故障现象

打开点火开关，转向灯开关拨至左转位置时，左前转向灯不亮，其余灯光均正常。

(二) 故障分析

如图 3-45 所示,根据故障现象,由于左后转向灯及左侧后视镜转向灯工作正常,说明转向开关及其线路正常,左前转向灯不亮的故障原因可能为:左前转向灯自身故障,左前转向灯至 J519 线路故障,J519 局部故障。

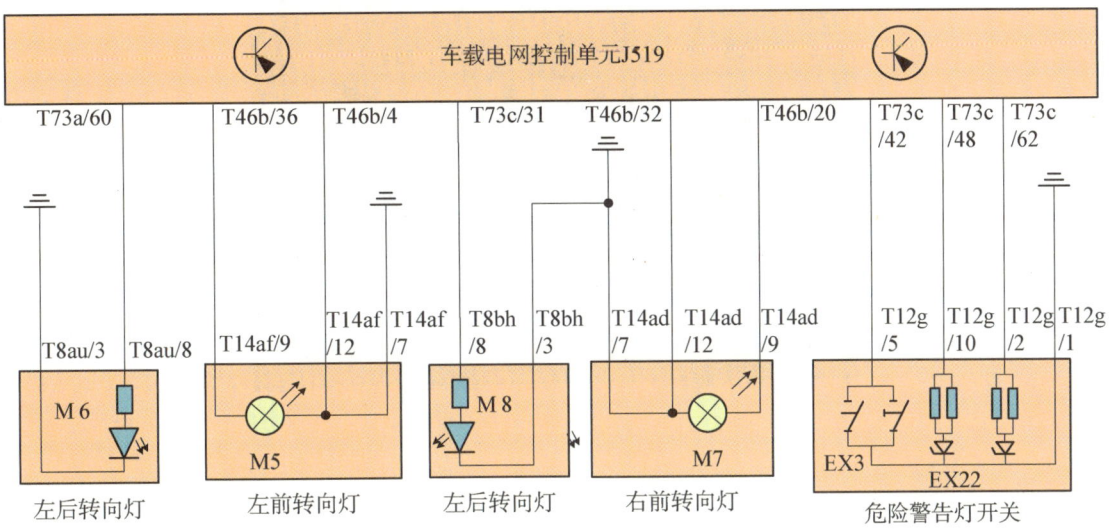

图 3-45 系统控制电路

(三) 诊断流程

第一步:测量左前转向灯供电。

打开点火开关,转向开关拨至左转位置,测量左前转向灯 T14af/9 号端子对搭铁波形,标准波形为 0—12 V 方波,实测为 0 V 直线,如图 3-46 所示。测试结果异常。

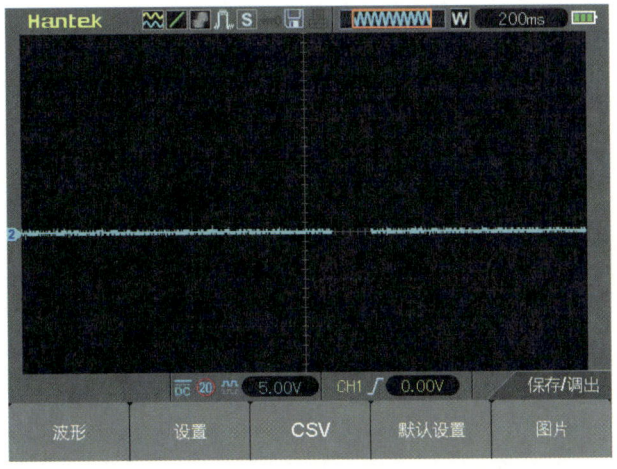

图 3-46 左前转向灯供电实测波形

第二步:测量 J519 端信号输出。

打开点火开关,转向开关拨至左转位置,测量 J519 的 T46b/36 号端子对搭铁波形,标准值为 0—12 V 方波,实测为 0—12 V 方波,如图 3-47 所示。结果正常。

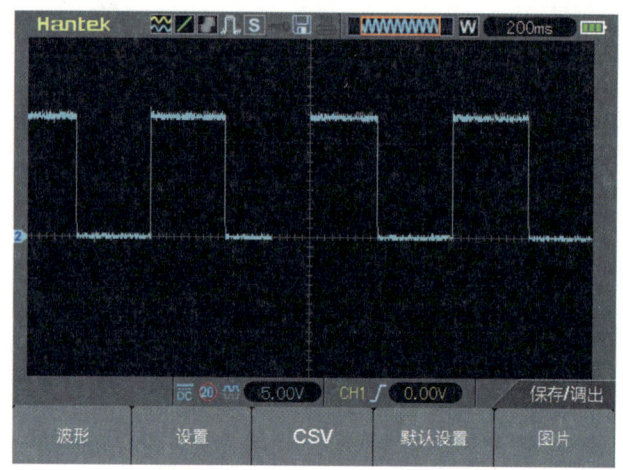

图 3-47 J519 端信号输出实测波形

J519 的 T46b/36 号端子至左前转向灯 T14af/9 号端子一端为 0 V 直线,一端为 0—12 V 方波,判断为线路断路,修复故障后,左前转向灯工作正常。

任务 6　制动灯系统故障诊断与排除

1. 素质目标
(1) 培养学生的逻辑思维能力和创新能力。
(2) 培养学生具备诚信、严谨、规范、求真的职业精神。
(3) 培养学生具备能主动获取信息、团队协作与沟通交流的能力。

2. 知识目标
(1) 掌握制动灯系统结构和工作原理。
(2) 掌握制动灯系统电路分析方法和故障的诊断方法。

3. 能力目标
(1) 能对制动灯系统故障成因进行判断分析。
(2) 能制定制动灯系统常见故障的诊断流程。
(3) 能正确使用检测设备进行制动灯系统故障的诊断与排除。

任务导入

一辆轿车，打开点火开关，踩制动踏板时，所有制动灯均不亮，其余灯光正常。请制定出故障的诊断流程，并对本车辆进行维修，填写故障诊断排除报告。

不同的车型制动灯系统的控制逻辑也是不同的，本任务通过两种典型的制动灯系统讲解系统工作原理和故障的诊断方法。

一、工作原理

（一）吉利远景制动灯系统工作原理

如图 3-48 所示，吉利远景制动控制系统包括左后制动灯、右后制动灯、高位制动灯、制动开关、车身控制模块 BCM 等元器件。

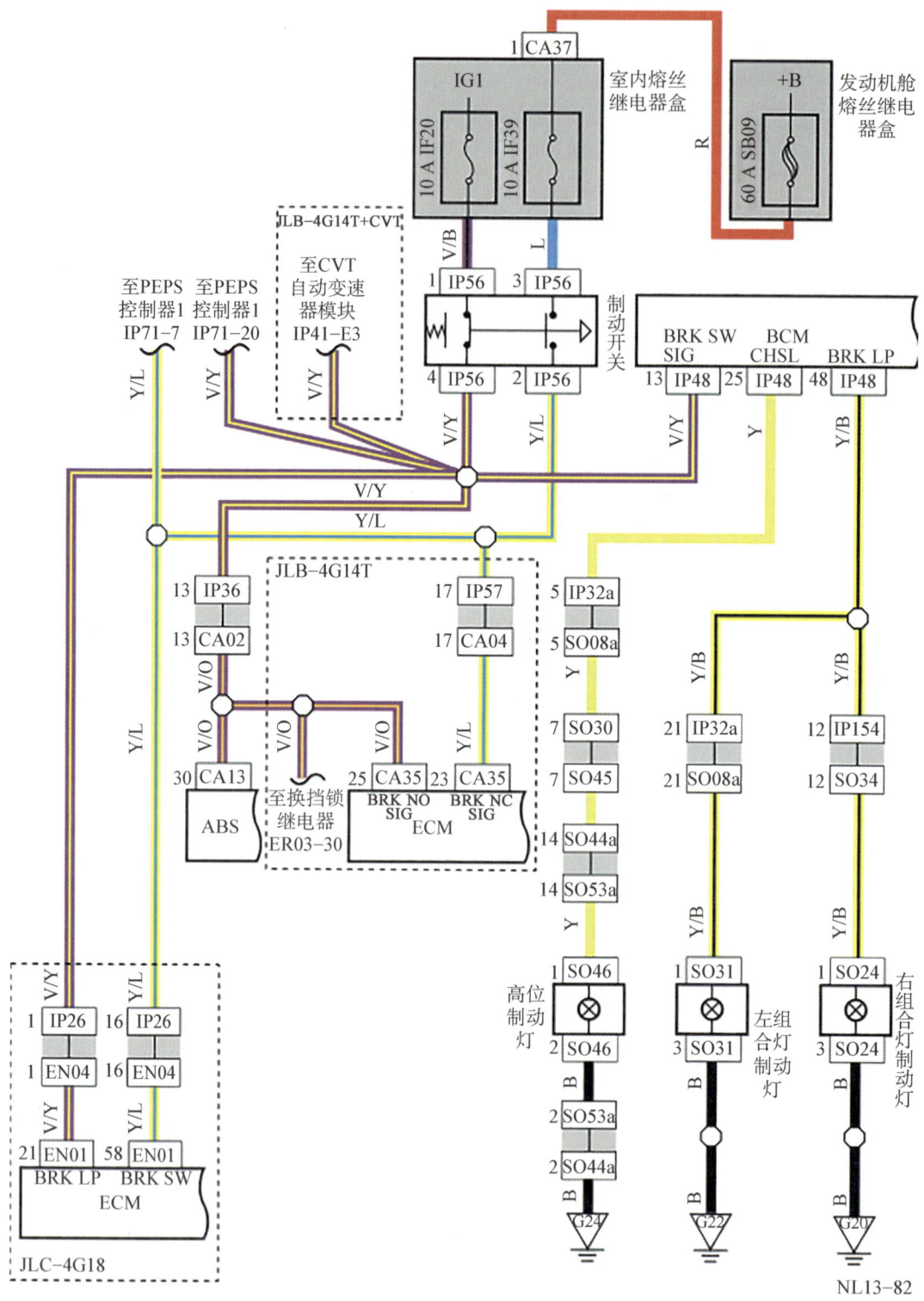

图 3-48 吉利制动灯系统控制电路图

当踩下制动踏板时,车身控制模块 BCM 检测到制动灯开关状态信号变化,BCM 接收到此消息后,分别接通左后、右后以及高位制动灯总成。

(二) 迈腾制动灯系统工作原理

如图 3-49 所示,迈腾 B8 制动灯控制系统通过车载电网控制单元 J519 集中控制,系统包含以下元器件:制动灯开关、发动机控制单元 J623、数据总线诊断接口 J533、组合仪表控制单元 J285、车载电网控制单元 J519、左后尾灯总成、右后尾灯总成、高位制动灯等。

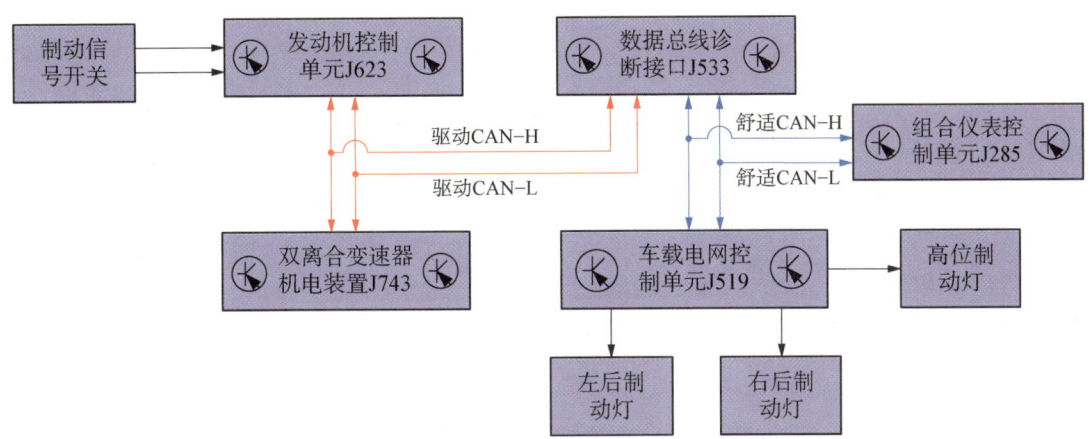

图 3-49 迈腾 B8 制动灯控制系统结构

迈腾 B8 制动开关采用霍尔式信号装置,它安装在制动主缸上,开关内部电路板上设计有两个霍尔芯片,制动主缸采用铸铝材料,在主缸活塞上设计一个永久磁性环,作为信号触发器。

踩下制动踏板时,活塞沿图 3-50 中箭头方向移动,永久磁性环(信号触发器)切割开关内部电路板上霍尔芯片的磁感应线,从而产生感应信号。车载电网控制单元利用该信号控制制动灯的点亮或熄灭。

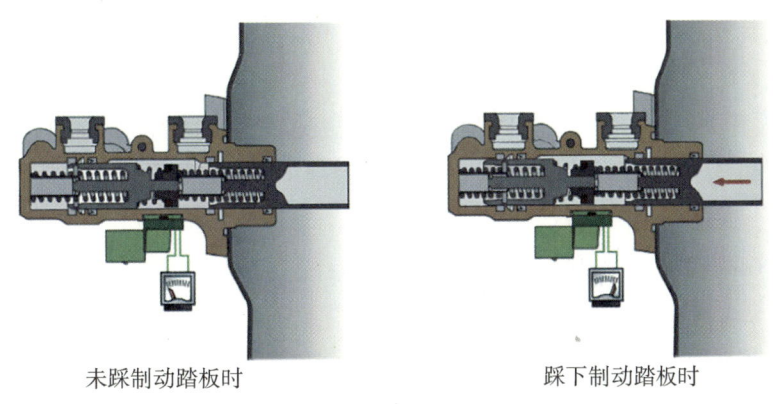

未踩制动踏板时　　　　踩下制动踏板时

图 3-50 迈腾 B8 制动灯开关工作原理

如图 3-51 所示为迈腾 B8 制动灯控制电路图,当踩下制动踏板时,发动机控制单元 J623 检测到制动灯开关两个霍尔芯片发出的两个制动踏板状态信号,发动机控制单元 J623 通过驱动数据总线将这一数据信息发送至双离合变速器机电装置 J743、数据总线诊断接口 J533。

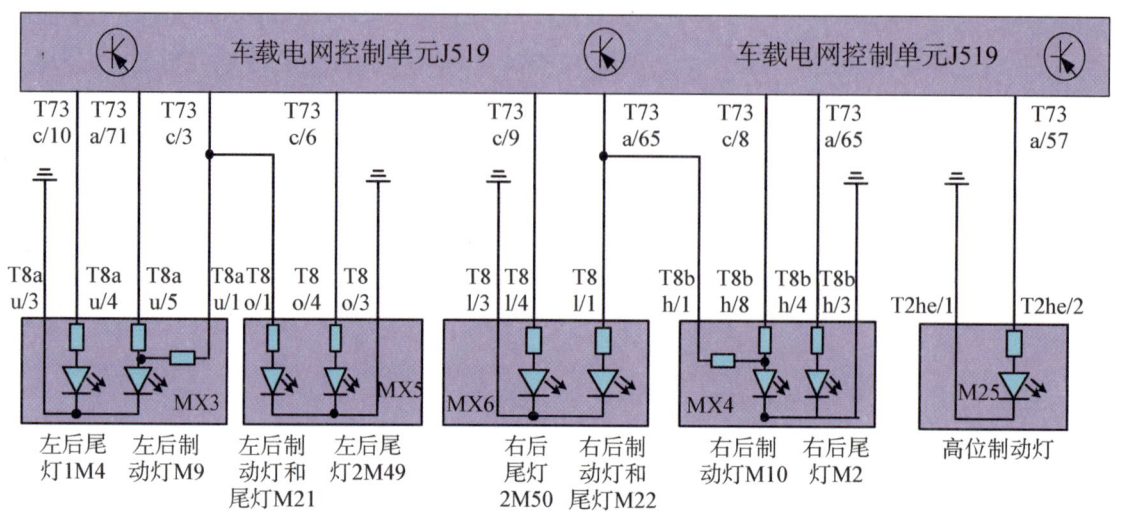

图 3-51　迈腾 B8 制动灯控制电路图

数据总线诊断接口 J533 将数据处理后,通过舒适数据总线将这一数据信息发送至车载电网控制单元 J519、组合仪表控制单元 J285。组合仪表控制单元 J285 接收到此信息后控制仪表上制动踏板状态指示灯熄灭;J519 接收到此消息后,分别接通左后、右后以及高位制动灯总成中的 LED 电源,LED(制动灯)点亮。

二、故障分析

制动灯系统常见的故障现象有 4 种:踩制动踏板,所有制动灯不亮;踩制动踏板,一侧制动灯不亮;踩制动踏板,高位制动灯不亮;制动灯常亮。以迈腾 B8 制动灯系统为例,其故障诊断思路如下。

(1) 将点火开关置于 ON 位置,踩制动踏板,观察仪表"制动踏板状态灯",踩下制动踏板时状态灯应熄灭,松开制动踏板时状态灯应点亮,否则可能存在以下故障:

① 制动灯开关本身、供电及线路故障;
② 发动机控制模块本身、供电及线路故障;
③ 驱动数据 CAN 总线故障;
④ 舒适数据 CAN 总线故障;
⑤ 数据总线诊断接口 J533 供电、自身故障。

(2) 观察仪表有无故障提示,如果仪表提示外部制动灯系统故障,则说明系统可以监测到制动开关信号,但监测不到制动灯正常工作。

此时说明制动开关→发动机控制模块→驱动数据 CAN 总线→车载电网控制单元 J519→网关 J533→舒适数据 CAN 总线→组合仪表控制单元 J285 信号传递工作正常,可能的故障原因为:

① 车载电网控制单元 J519 至制动灯信号线路故障;
② 制动灯自身故障;
③ 制动灯搭铁及线路故障。

(3) 观察后尾灯制动灯、高位制动灯是否点亮。

◇ 如果所有制动灯均不亮,则可能的故障原因为:
① 车载电网控制单元 J519 至左、右制动灯,高位制动灯控制线路故障;
② 制动灯自身故障;
③ 左、右制动灯,高位制动灯搭铁及线路故障。

◇ 如果制动灯一侧或高位不亮,则可能的故障原因为:
① 车载电网控制单元 J519 局部故障;
② 车载电网控制单元 J519 至一侧制动灯或高位制动灯线路故障;
③ 某制动灯自身故障;
④ 一侧或高位制动灯搭铁及线路故障。

案例　高位制动灯不亮故障检修

(一) 故障现象

一辆迈腾 B8 车辆,打开点火开关,踩下制动踏板时,左后、右后制动灯正常点亮,高位制动灯不亮;其余灯光均正常。

(二) 故障分析

如图 3-52 所示,根据现象可知,由于左侧和右侧制动灯均正常,说明制动开关及其线路正常,高位制动灯不亮的故障原因可能有:高位制动灯自身故障、高位制动灯搭铁故障、高位制动灯至 J519 线路故障、J519 局部故障。

(三) 诊断流程

第一步:测量高位制动灯供电。

打开点火开关,踩下制动踏板,测量高位制动灯 T2he/2 号端子对搭铁电压,标准值为 +B,实测值为 0 V,如图 3-53 所示。测试结果异常。

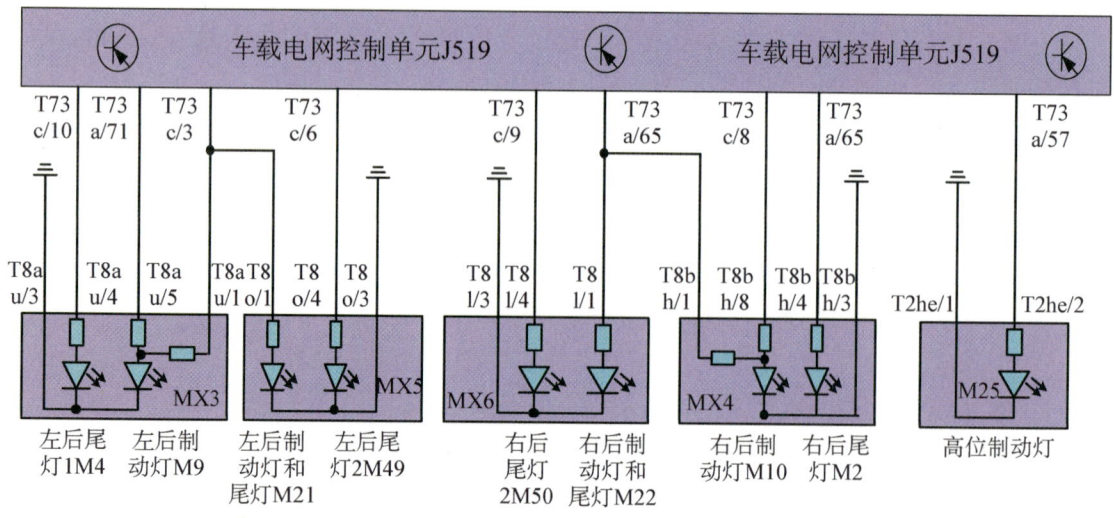

图 3-52 迈腾 B8 制动灯控制电路图

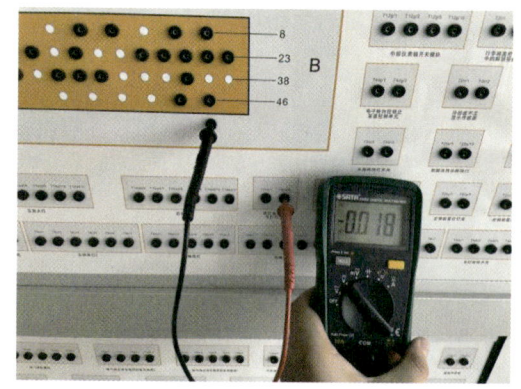

图 3-53 高位制动灯供电测量

图 3-54 J519 端信号输出测量

第二步：测量 J519 端信号输出。

打开点火开关，踩下制动踏板，测量 J519 的 T73a/57 号端子对搭铁电压，标准值为 +B，实测值为 11.95 V，如图 3-54 所示。测试结果正常。

J519 的 T73a/57 号端子至高位制动灯 T2he/2 号端子一端为 0 V，一端为蓄电池电压，判断为线路断路，修复故障后，高位制动灯工作正常。

附：学生实训报告单

实训项目				
故障现象描述		配分	扣分	判罚依据
可能的故障原因				
故障诊断流程（※注明测试条件、插件代码和编号，控制单元针脚代号）				
故障点和故障类型确认				

一、填空题

1. 常见的汽车近光灯控制系统包括_____、左前照灯总成、右前照灯总成、近光灯继电器、熔丝、_____等元器件。
2. 迈腾 B8 近光系统中,灯光开关模块接收到近光灯开启信号,模块将接收到的电压信号转换为_____信号。
3. 在迈腾轿车上,灯光系统的应急保护有两种情况,一种是 EX1 内部的 TFL、56、58 在任何情况下,必须只有一个端子电压为_____电位。
4. 雾灯控制系统包括灯光组合开关、左前雾灯、右前雾灯、后雾灯、_____、车身控制模块 BCM 等元器件。

二、选择题

1. 倒车时倒车灯不亮,将倒车灯开关上所接的两根接线连接在一起时若倒车灯亮,说明(　　)。
   A. 倒车灯的灯泡损坏　　　　　　　B. 倒车灯开关损坏
   C. 线路故障　　　　　　　　　　　D. 以上均错
2. 为了防止夜间行车造成双方驾驶员视盲现象,前照灯都应采用(　　)。
   A. 防近光装置　　B. 防眩目装置　　C. 防远光装置　　D. 以上均错
3. 当驾驶员踩下制动踏板时,制动开关(　　),制动灯电路接通,制动灯点亮。
   A. 接通　　　　　B. 断开　　　　　C. 不反应　　　　D. 以上均错
4. 在讨论转向警告灯系统的构造和工作原理时,技师甲说,转向灯系统和警告灯系统的所有灯泡既受转向开关的控制,也受警告灯开关的控制;技师乙说,如果在转向开关未复位时关闭点火开关甚至拔下点火钥匙,有一侧的转向灯会持续点亮。请问谁的说法是正确的(　　)。
   A. 只有甲正确　　B. 只有乙正确　　C. 甲乙均正确　　D. 甲乙均不正确
5. 在讨论汽车雾灯的控制原理时,技师甲说汽车前雾灯和后雾灯分别受不同的开关或同一组合开关的不同挡位控制;技师乙说,雾灯无法单独开启,只有在打开小灯或前照灯时才能开启雾灯。请问谁的想法是正确的(　　)。
   A. 只有甲正确　　B. 只有乙正确　　C. 甲乙均正确　　D. 甲乙均不正确

三、问答题

1. 请简述迈腾 B8 近光灯系统的控制原理。
2. 简述一侧近光灯不亮的故障诊断流程。
3. 简述雾灯控制系统的控制原理。

项目四　汽车舒适系统故障诊断与排除

本项目内容包含 CAN 总线系统故障诊断与排除、LIN 总线系统故障诊断与排除、门锁系统故障诊断与排除、车窗升降系统故障诊断与排除等 5 个学习任务。通过本项目的学习,掌握汽车舒适系统的基本结构、工作原理、电路分析方法、故障诊断方法等基础知识,具备汽车舒适系统常见故障的诊断与排除能力。

汽车舒适系统故障诊断与排除
- CAN总线系统故障诊断与排除
- LIN总线系统故障诊断与排除
- 门锁系统故障诊断与排除
- 车窗升降系统故障诊断与排除
- 后视镜系统故障诊断与排除

任务 1　CAN 总线系统故障诊断与排除

1. 素质目标
(1) 培养学生的逻辑思维能力和创新能力。
(2) 培养学生具备诚信、严谨、规范、求真的职业精神。
(3) 培养学生具备能主动获取信息、团队协作与沟通交流的能力。

2. 知识目标
(1) 掌握 CAN 总线系统结构和工作原理。
(2) 掌握 CAN 总线系统故障的诊断方法。

3. 能力目标
(1) 能制定 CAN 总线系统常见故障的诊断流程。
(2) 能正确使用检测设备进行 CAN 总线系统故障的诊断与排除。

任务导入

一辆轿车，遥控钥匙无法正常控制右侧车门开、闭锁；打开点火开关，操作驾驶员侧玻璃升降器开关无法控制所有车窗升降；操作后视镜，左右后视镜均不动作。请制定出故障的诊断流程，并对本车辆进行维修，填写故障诊断排除报告。

一、工作原理

汽车技术水平的大幅提高，致使汽车上的传感器、控制器数量不断增多，有些传感器的信号为公用信号，多个系统都需要采集，比如发动机控制单元、仪表控制单元均需要采集冷却液温度传感器信号、发动机转速传感器信号、车速传感器信号等，用以控制车辆的正常运行，为了优化线路、降低成本、提高汽车工作的可靠性，串行数据总线诞生。CAN 是 ISO 国际标准化的串行通信协议，是 Controller Area Network 的缩写。CAN 是一种有效支持分布式控制或实时控制的串行通信网络，属于现场总线的范畴。当 CAN 总线通信出现故障时，会导致总线系统的某个模块不能正常接收和发送数据,甚至会导致总线系统整体瘫痪,车辆无法正常运行。对于 CAN 总线通信的故障诊断必须建立在掌握其工作原理的基础上。

(一) CAN 总线系统的组成

CAN 总线系统主要包括控制单元和数据线,控制单元通过收发器(发射-接收放大器)并联在总线导线上。CAN 总线系统采用 CAN-Low、CAN-High 两根双绞线进行数据传输。为了有效抑制外部干扰,双绞线上的信号是按相反相位传输的。CAN 数据总线中的控制器、收发器和两个数据传输终端置于控制单元内部,数据传输终端也可以置于控制单元外部。

CAN 总线系统工作原理

常见的 CAN 总线分为三大类:高速 CAN、低速 CAN(容错 CAN)和单线 CAN,其共同点是通信协议相同但是传递数据的速度不同。车辆采用高速 CAN 以便于动力系统之间的大数据传输,用低速 CAN 实现舒适系统之间的小数据传输,美系车辆常以单线 CAN 进行系统间数据传递。

高速 CAN 又叫动力 CAN,车辆动力系统包括发动机系统、变速器系统、动力转向系统、ABS、安全气囊系统。

低速 CAN 总线的通信速率为 125 kbit/s,125 kbit=125 000 bit,1 s 可以传递 125 000 个 0 或 1,每一位的时间为 8 μs。低速 CAN 总线又叫舒适 CAN 总线和容错 CAN 总线,常用于车身电器系统。

单线 CAN 总线和高速 CAN、低速 CAN 的通信协议都相同,但是通信速率不同,单线 CAN 的通信速率为 15 kbit/s,1 s 可以传递 15 000 个 0 或 1,每一位的时间为 65 μs。只需要一根线即可实现数据的传输,因为通信协议和 CAN 相同,所以叫作单线 CAN,单线 CAN 因为通信速率低常用于舒适系统。

(二) CAN 总线系统的工作原理

1. 动力 CAN 工作特性及抗干扰原理

在数据总线的末端,CAN-H 与 CAN-L 线路之间各有一个 120 Ω 的终端电阻。数据符号 1 和 0 以 500 kbit/s 的速率按顺序传输。通过总线传输的数据通过 CAN-H 信号电压和 CAN-L 信号电压之间的电压差来表示。在两个线路总线处于静止时,CAN-H 和 CAN-L 信号线路未被驱动,代表逻辑"0"。此状态下,两个信号线路电压均为 2.5 V,电压差约为 0 V。当传输逻辑"1"时,CAN-H 信号线路电压被拉高至大约 3.5 V,CAN-L 信号线路电压被拉低至约 1.5 V,电压差约为(2.0±0.5)V。两线变化的电压产生的磁场方向刚好相反,把两根线绞在一起两个磁场相互抵消,对外就没有了电磁干扰,当外界有信号干扰任意一根线时,终端电阻会使两根线电压同时变化,差分信号无法生成也就不会被干扰,这就是动力 CAN 总线使用双绞线加终端电阻降低使用差分信号抗干扰的原理。动力 CAN 总线波形和信号数据如图 4-1、图 4-2 所示。

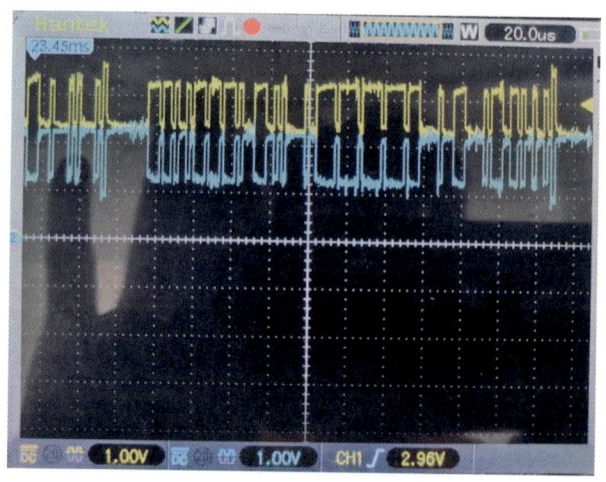

图 4-1 动力 CAN 总线波形

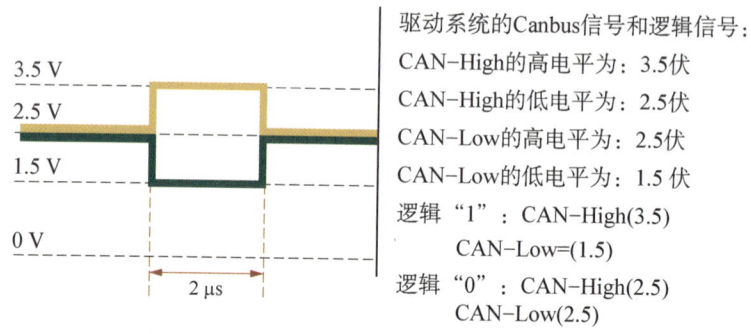

图 4-2 动力 CAN 总线信号数据

2. 低速 CAN 工作特性

因为通信速率低信号反射小,取消了 60Ω 的终端电阻,CAN-H 和 CAN-L 的通信波形也有所改变,CAN-H 在不传输数据时,隐性电压为 0V,传输数据时,显性电压为 3.6V;CAN-L 在不传输数据时,隐性电压为 5V,传输数据时,显性电压为 1.4V。显性差分电压约为 2.2V,隐性差分电压约为-5V。低速 CAN 通信速率低,但是具备较强的抗干扰能力,其 CAN 芯片能自动识别总线状态,并能根据总线状态调整不同的接收模式,当相互短路,或者 CAN-H、CAN-L 任意一根对搭铁或电源短路,或 CAN-H 和 CAN-L 有一根断路时,CAN 芯片均可自动识别,并将 CAN 系统切换到单线通信模式,保证信号的正常传输。低速 CAN 总线波形如图 4-3 所示。

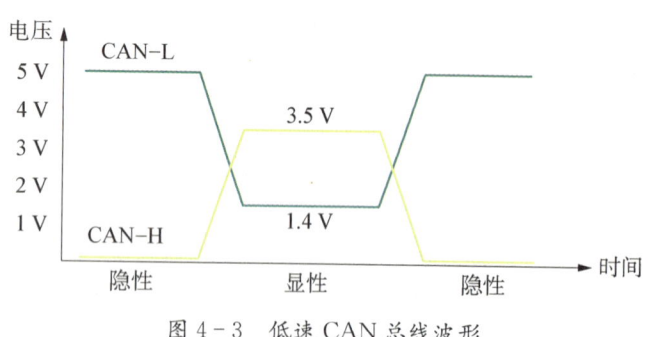

图 4-3 低速 CAN 总线波形

3. 单线 CAN 工作特性

在不传输数据隐性时电压为 0 V，传输数据显性时电压为 7 V 左右。单线 CAN 总线波形如图 4-4 所示。

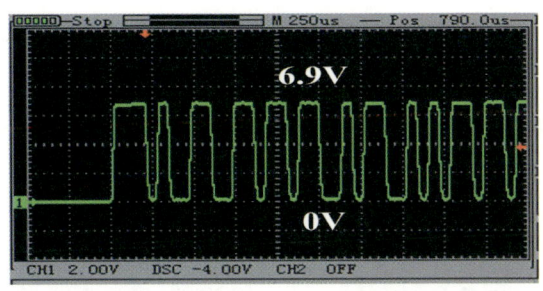

图 4-4 单线 CAN 总线波形

二、故障分析

（一）万用表检测

使用万用表 20 V 电压挡测量任意一根 CAN 线，2.5～3.6 V 之间的为 CAN-H，2.5～1.4 V 之间的为 CAN-L，两根线电压相加为 5 V 左右，正负不能大于 0.3 V。如果出现动力 CAN 上所有模块都不通信时，可能是 CAN-H 或 CAN-L 对搭铁短路或对正极短路还有就是互相短路，这类故障需要断开蓄电池负极 5 min 后，用万用表电阻挡测量 CAN 线终端电阻，不拔下模块时，阻值要在 60 Ω 左右；如果终端电阻正常，需要分别测试 CAN-H 和 CAN-L 对搭铁和对正极的电阻情况，阻值不能小于 20 kΩ，阻值如果不正常，挨个拔下模块，直到阻值正常为止。出现单个模块不通信先查模块的电源和搭铁，如果电源和搭铁正常，测试模块输出 CAN 电压情况，加电时要两个人配合，一个人加电一个人测量 CAN 电压，能输出 CAN 电压均为正常，如果模块加电以后一直没有 CAN 信号传输，模块将会进入休眠状态，CAN 电压将会变为 0 V。

（二）示波器检测

除了利用万用表进行 CAN 系统故障检测，最直观的方法是通过示波器测量 CAN 总线的波形进行故障的判断。以下我们通过 CAN 总线系统常见的故障类型进行分析。

1. CAN-H、CAN-L 断路分析

如图 4-5 所示，观察这类信号波形时，先观察波形相位和切换方向重叠的部分，只要有这种类似

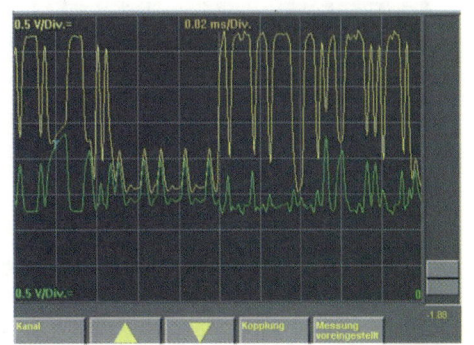

图 4-5 CAN-H 断路波形

的波形,就说明总线有断路的地方,至于是 CAN-H 还是 CAN-L 断路,可以参照重叠部分波形的显性电平的高低来判定。如果 CAN-H 高于 CAN-L,说明 CAN-H 断路;如果 CAN-L 高于 CAN-H,说明 CAN-L 断路。

2. CAN-H、CAN-L 对电源短路分析

观察此类波形时,主要看所有控制模块总线波形的隐性电平是否有一根信号线电压始终保持为+B,而另外一根信号线为 10 V 左右,如果有,就说明 CAN 总线对+B 短路。如果 CAN-H 为+B,CAN-L 为 10 V,说明 CAN-H 对+B 短路;如果 CAN-L 为+B,CAN-H 为 10 V,说明 CAN-L 对+B 短路,如图 4-6 所示为 CAN-H 对正极短路波形,图 4-7 所示为 CAN-L 对正极短路波形。

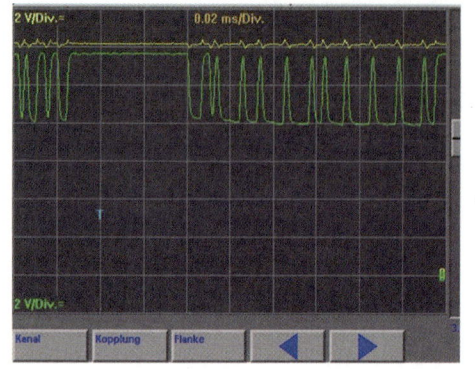
图 4-6 CAN-H 对正极短路波形

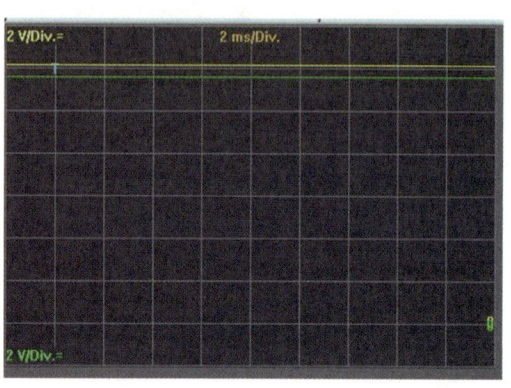
图 4-7 CAN-L 对正极短路波形

3. CAN-H、CAN-L 对搭铁短路分析

观察此类波形时,主要看所有控制模块总线波形的隐性电平是否有一根信号线电压始终保持为 0 V,而另外一根信号线为 0.5 V,如果有,就说明 CAN 总线对搭铁短路。如果 CAN-H 为 0 V,CAN-L 为 0.5 V,说明 CAN-H 对搭铁短路;如果 CAN-L 为 0,CAN-H 为 0.5 V,说明 CAN-L 对搭铁短路。如图 4-8 所示为 CAN-L 对搭铁短路波形,图 4-9 所示为 CAN-H 对搭铁短路波形。

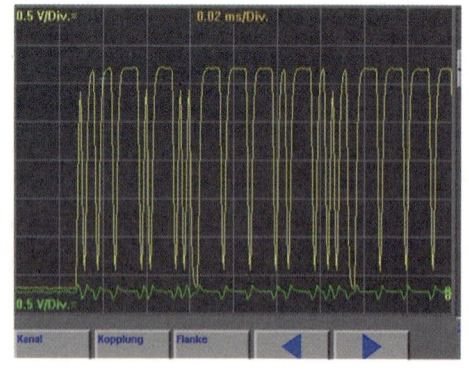
图 4-8 CAN-L 对搭铁短路波形

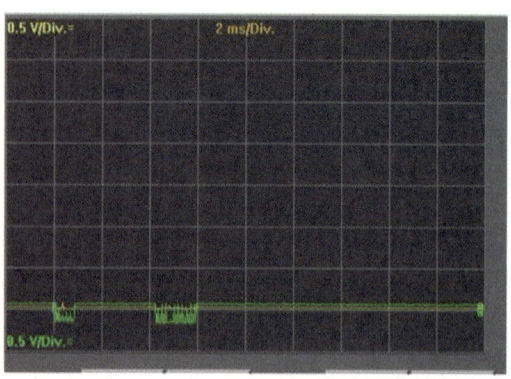
图 4-9 CAN-H 对搭铁短路波形

4. CAN-H、CAN-L 对+B 虚接分析

如图 4-10 所示，观察此类波形时，主要看所有控制模块总线波形的隐性电平是否同时明显大于 2.5V，如果有，就说明 CAN 总线存在对+B 虚接。如果 CAN-H 的隐性电平大于 CAN-L，说明 CAN-H 对+B 虚接；如果 CAN-L 的隐性电平大于 CAN-H，说明 CAN-L 对+B 虚接，如图 4-10 所示为 CAN-H 对+B 虚接波形。

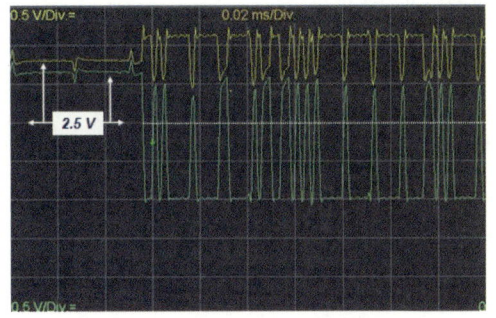

图 4-10　CAN-H 对+B 虚接波形

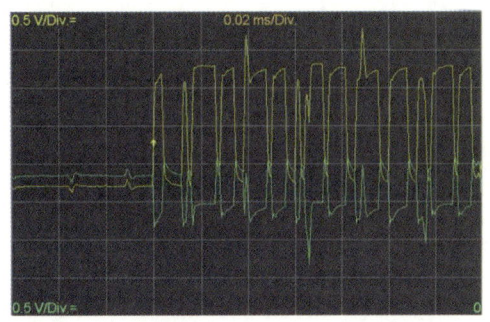

图 4-11　CAN-L 对搭铁虚接波形

5. CAN-H、CAN-L 对搭铁虚接分析

如图 4-11 所示，观察此类波形时，主要看所有控制模块总线波形的隐性电平是否同时明显小于 2.5V，如果有，就说明 CAN 总线存在对搭铁虚接。如果 CAN-L 的隐性电平大于 CAN-H，说明 CAN-H 对搭铁虚接；如果 CAN-H 的隐性电平大于 CAN-L，说明 CAN-L 对搭铁虚接。

案例　右前车门 CAN 总线断路故障检修

（一）故障现象

一辆迈腾 B8 车辆，操作遥控器落锁和中控锁按钮，右侧车门无法正常落锁；打开点火开关，驾驶员侧玻璃升降器开关无法操作右侧车门车窗升降；操作后视镜，右侧后视镜无法调节；向右拨动转向灯开关，右侧后视镜上的转向指示灯无法正常工作。

（二）故障分析

由于右侧车门、玻璃升降器、后视镜均无法正常工作，说明右侧车门功能整体失效。故障可能原因有：J386 与 J387 之间的 CAN 总线存在通信故障，右侧车门控制单元 J387 供电及搭铁故障，右侧车门控制单元 J387 自身故障。右侧车门控制单元电源及通信电路如图 4-12 所示。

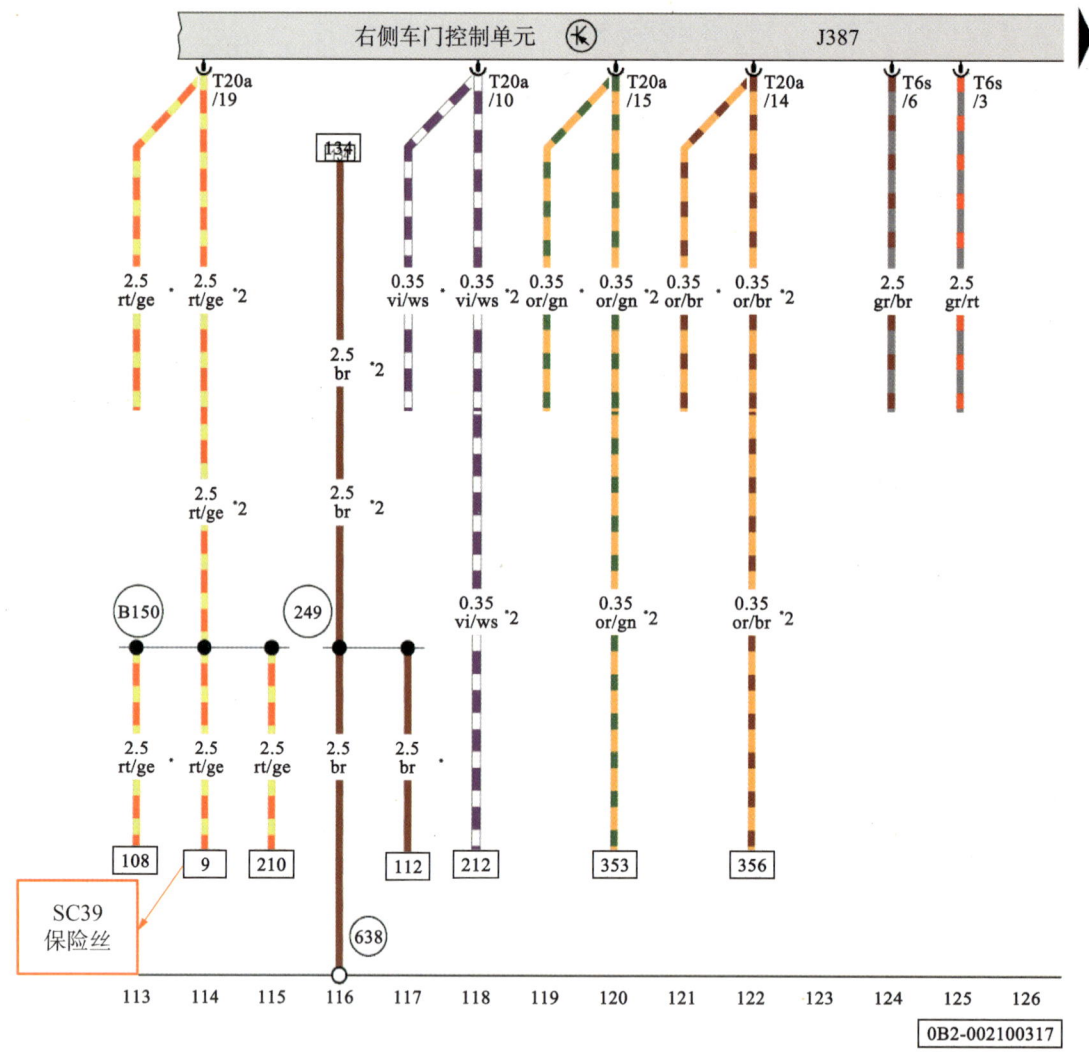

图 4-12　J387 电源及通讯电路

(三) 诊断流程

第一步：扫描网关列表。

右前门控制单元 J387 通信异常，说明网关与 J387 之间通信异常，可能原因为：J387 自身故障，右侧车门控制单元 J387 供电及搭铁故障，CAN 总线故障。

第二步：测量 J387 的供电及搭铁。

打开点火开关，测量 J387 的 T20a/19 号端子，标准电压为+B，实测电压为 12.25 V，测试结果正常。

打开点火开关，测量 J387 的 T20a/20 号端子，标准电压为 0 V，实测电压为 0 V，测试结果正常。

第三步：测量 J387 的 CAN 总线信号。

打开点火开关,测量 J387 的 T20a/14 与 T20a/15 号端子对搭铁波形,正常波形如图 4-13 所示。

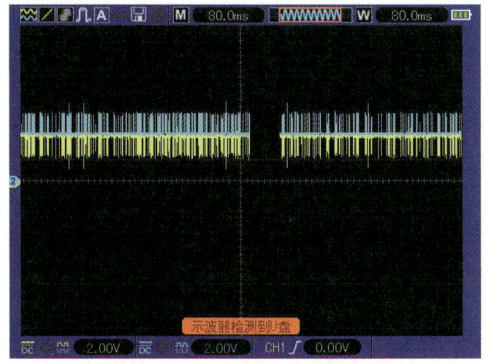

图 4-13 CAN 线标准波形

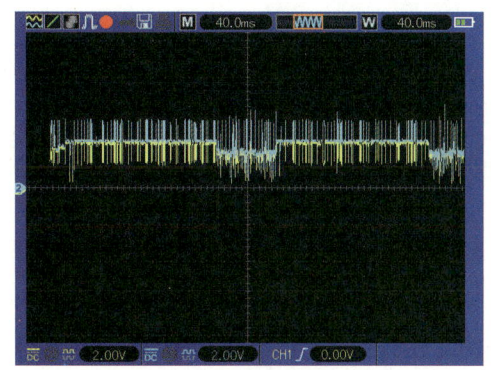

图 4-14 实测波形

实测波形如图 4-14 所示,测试结果异常,波形分析判断为 J387 的 T20a/15 号端子至节点 CAN-H 线路断路,修复故障后,系统恢复正常。

任务 2　LIN 总线系统故障诊断与排除

 学习目标

1. 素质目标
(1) 培养学生的逻辑思维能力和创新能力。
(2) 培养学生具备诚信、严谨、规范、求真的职业精神。
(3) 培养学生具备能主动获取信息、团队协作与沟通交流的能力。

2. 知识目标
(1) 掌握 LIN 总线系统结构和工作原理。
(2) 掌握 LIN 总线系统故障的诊断方法。

3. 能力目标
(1) 能制定 LIN 总线系统常见故障的诊断流程。
(2) 能正确使用检测设备进行 LIN 总线系统故障的诊断与排除。

 任务导入

一辆轿车,操作遥控器落锁和中控锁按钮,右后侧车门无法正常落锁;打开点火开关,驾驶员侧玻璃升降器开关无法操作右后侧车门车窗升降。请制定出故障的诊断流程,并对本车辆进行维修,填写故障诊断排除报告。

知识链接

一、工作原理

LIN 是 Local Interconnect Network 的缩写,意为局域互联网。LIN 总线是一种通信方式,用于传感器或执行器到控制单元之间的信号传输,都是进行数据交互的导线,只是和 CAN 总线的通信协议不同。

(一) LIN 总线组成

如图 4-15 所示,LIN 总线系统的构成有三个部分:LIN 上级控制单元,亦即 LIN 主控制单元;LIN 从属控制单元,亦即 LIN 从控制单元;单根导线。

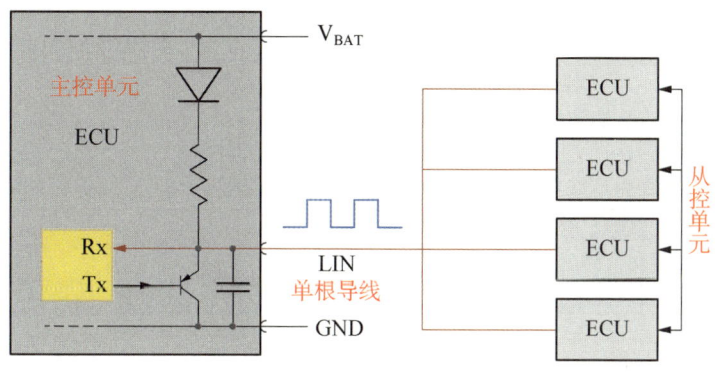

图 4-15　LIN 总线系统的构成

1. LIN 主控制单元

LIN 主控制单元连接在 CAN 数据总线上，执行以下功能：

① 监控数据传输过程和数据传输速率，发送信息标题。

② LIN 主控制单元的软件内已经设定了一个周期，该周期用于决定何时将哪些信息发送到 LIN 数据总线上多少次。

③ LIN 主控制单元在 LIN 数据总线系统的 LIN 控制单元与 CAN 总线之间起"翻译"作用，它是 LIN 总线系统中唯一与 CAN 数据总线相连的控制单元。

④ 通过 LIN 主控制单元进行与之相连的 LIN 从控制单元的自诊断。

⑤ 如图 4-16 所示，LIN 主控制单元实现 LIN 总线与 CAN 总线之间的连接。

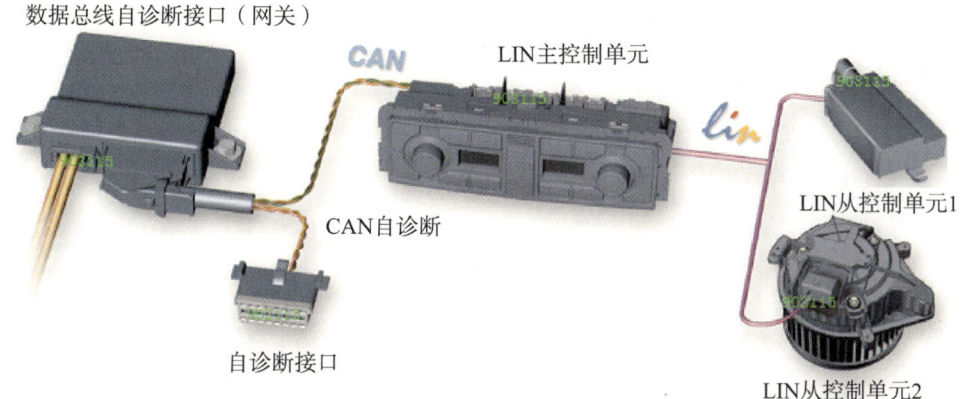

图 4-16　LIN 总线与 CAN 总线之间的连接

2. LIN 从控制单元

如图 4-17 所示，在 LIN 数据总线系统内，单个的控制单元(如新鲜空气鼓风机)或传感器及执行元件(如水平传感器及防盗警报蜂鸣器)都可看作 LIN 从控制单元。LIN 从控制单元等待 LIN 主控制单元的指令，仅根据需要与主控制单元进行通信。为结束休眠模式，LIN

从控制单元可自行发送唤醒信号。LIN 从控制单元安装在 LIN 总线系统设备上（如空调出风口风门伺服电动机等）。

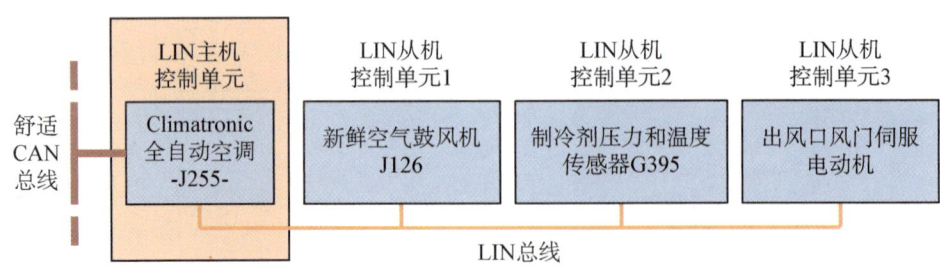

图 4-17　空调 LIN 线系统

(二) LIN 总线系统工作原理

LIN 总线为单线通信，通信速率为 20 kbit/s，1 s 可以传递 20 000 个 0 或 1，每一位占用 50 μs，LIN 总线在收发隐性电平和显性电平时，通过预先设定公差值来保证数据传输的稳定性。为了能在有干扰辐射的情况下仍能收到有效的信号，实际接收的允许电压值要稍高一些。显性电压一般在 0.8 V 以下，显性电压不能高于蓄电池电压的 20%，隐性电压一般比电源电压低 0.8 V，隐性电压不能低于蓄电池电压的 80%，如图 4-18、图 4-19 所示为 LIN 总线隐性电平和显性电平的公差值和实际接收的允许电压值。

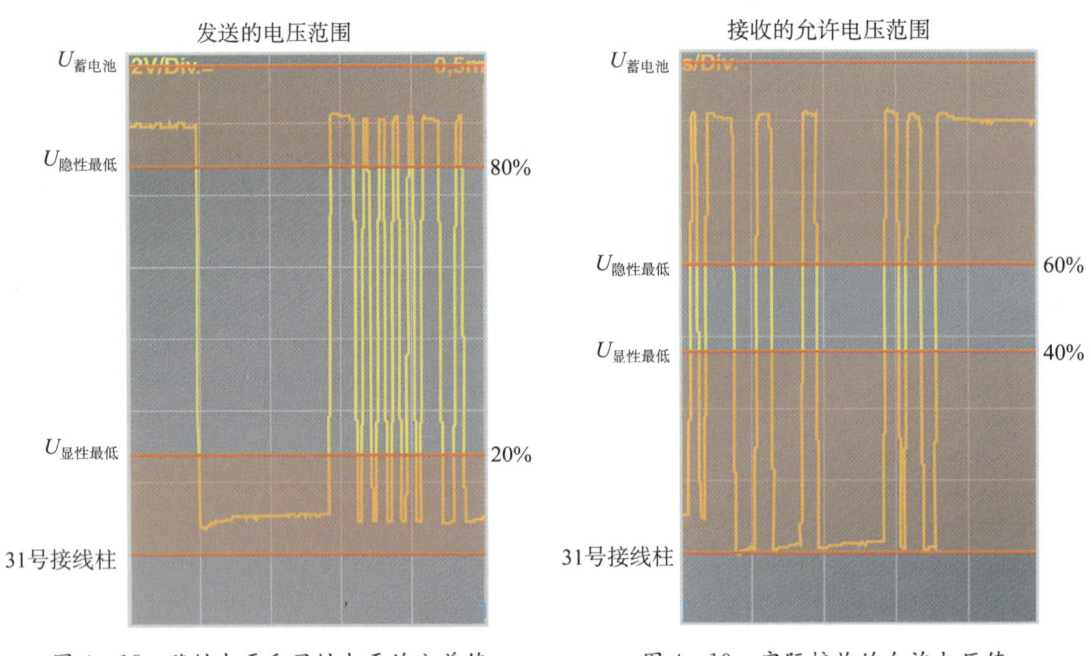

图 4-18　隐性电平和显性电平的公差值　　图 4-19　实际接收的允许电压值

二、故障分析

如图4-20~图4-22所示，LIN总线系统故障主要包括对电源正极短路、对电源负极短路和LIN线断路。发生对电源正极或对电源负极短路时，LIN总线都会关闭，无法正常工

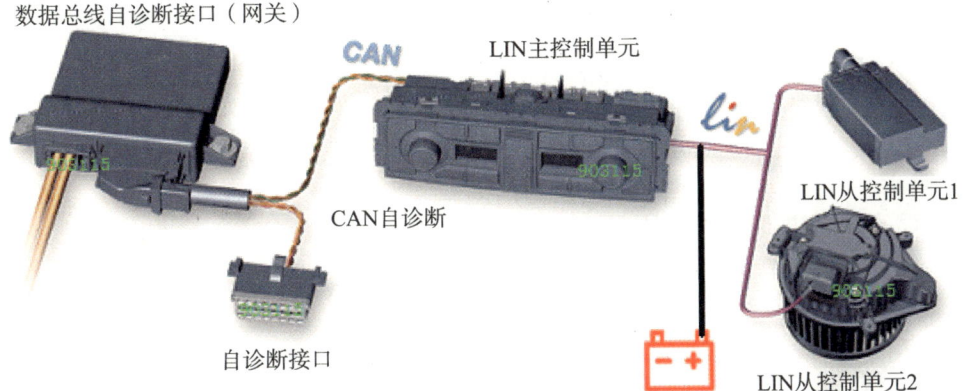

图4-20　LIN总线对电源正极短路故障

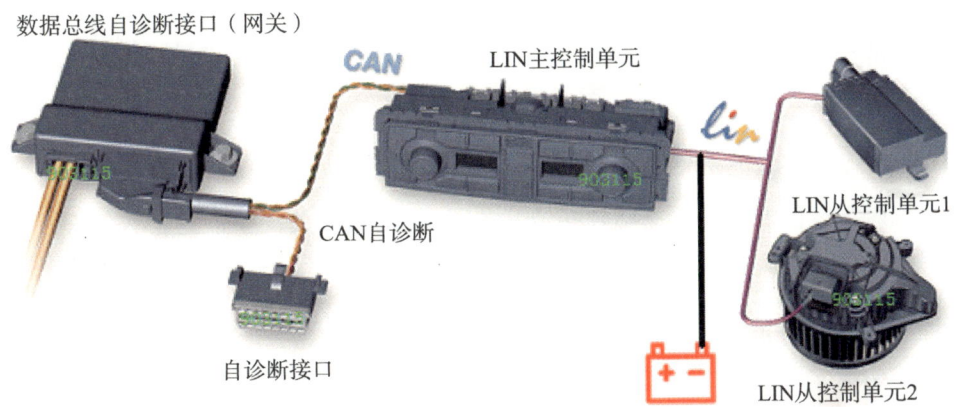

图4-21　LIN总线对电源负极短路故障

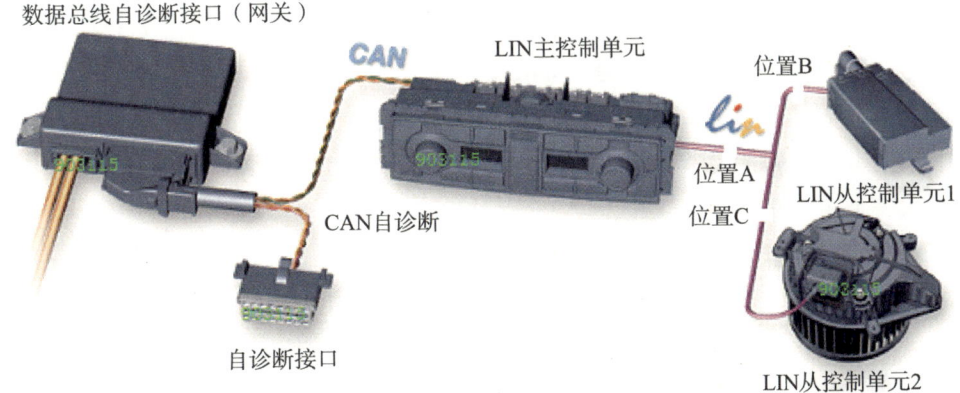

图4-22　LIN总线断路故障

作。当发生对电源正极短路故障时 LIN 总线的对搭铁波形为蓄电池电压的一条直线,当发生对电源负极短路故障时 LIN 总线的对搭铁波形为 0 V 的一条直线。

LIN 总线发生断路故障时,其功能丧失情况视发生断路故障的具体位置而定。根据 LIN 总线发生故障时其功能的丧失情况,结合 LIN 总线控制关系并参阅电路图,就可以判断出发生断路故障的大致位置。

LIN 总线系统的故障检修可以通过以下几种方式:示波器测波形、万用表测电压(对搭铁电压正常在 7~11 V 范围)、加电测电压(电压高于 7 V)、LED 试灯测搭铁情况(蓄电池电压高于 12 V,LIN 电压在 7~11 V 时 LED 会闪烁)。

案例　LIN 线断路故障检修

(一)故障现象

打开点火开关,驾驶员侧左后车窗玻璃升降器开关和左后车门上的升降器开关均不能正常控制左后车窗玻璃的升降;关闭所有车门后,仪表板始终显示左后门开启;操作中控锁按钮或操作遥控器,左后门锁电动机没有动作,其余门锁电动机只能开锁或只能落锁;其余正常。

(二)故障分析

由于驾驶员侧的左后车窗玻璃升降器开关、中控门锁开关均不能正常控制左后车门,说明左后车门整体功能失效,故障可能原因为:左前车门和左后车门之间通信存在故障,左后车门控制单元供电及搭铁存在故障,左后车门控制单元自身故障。

(三)诊断流程

第一步:读取故障码:U10BA00,本地数据总线无通信,未达到下限。

故障码说明 J386 与 J388 之间的通信存在故障,才导致左后门的功能失效,可能原因有:J386 自身故障,J386 与 J388 之间电路故障,J388 自身故障。

第二步:检查 J388 的电源电路是否正常。

用万用表测量 J388 的 T20b/19、T20b/20 号端子对搭铁电压,正常情况下,T20b/20 号端子对搭铁电压应为 0 V,T20b/19 号端子对搭铁电压应为+B,否则说明 J388 供电存在问题。测试结果正常。

第三步:检查 J388 端的 LIN 线信号是否正常。

打开点火开关,操作驾驶员侧的左右车门玻璃升降器开关或中控门锁开关,用示波器测量 J388 的 T20b/10 号端子对搭铁波形,标准波形如图 4-23 所示,实测如图 4-24 所示,为 10 V 一条直线,测试结果异常。

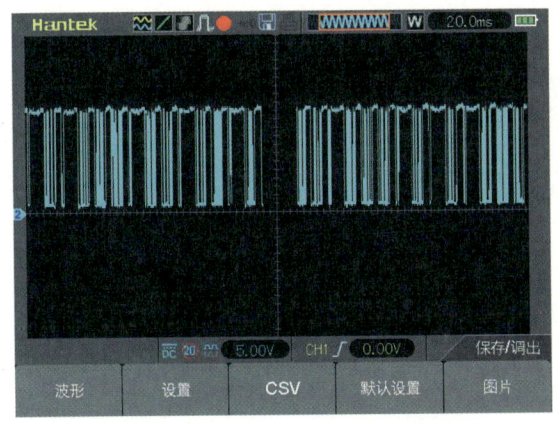
图 4-23 J388 端的 LIN 线标准波形

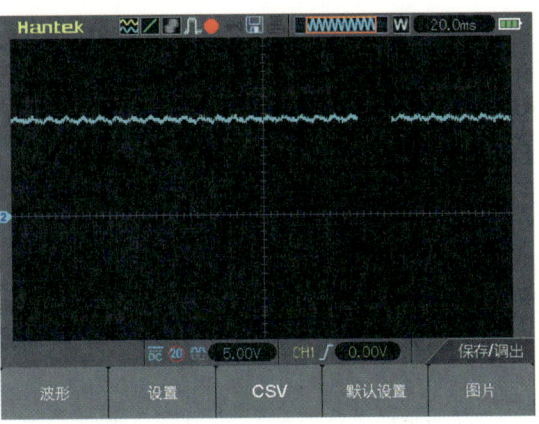
图 4-24 J388 端的 LIN 线实测波形

第四步：检查 J386 端的 LIN 线信号。

打开点火开关，操作驾驶员侧的左右车门玻璃升降器开关或中控门锁开关，用示波器测量 J386 的 T20/10 号端子对搭铁波形，实测如图 4-25 所示，测试结果正常。

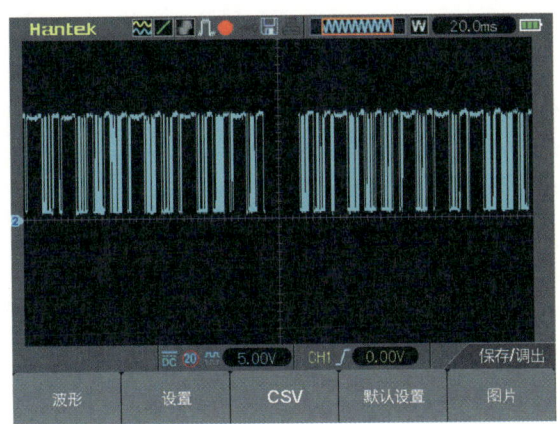
图 4-25 J386 端的 LIN 线实测波形

J388 的 T20b/10 号端子至 J386 的 T20/10 号端子一端为正常波形，一端为 10 V 一条直线，判断为 J388 的 T20b/10 号端子至 J386 的 T20/10 号端子间 LIN 线断路，修复故障后，系统恢复正常。

任务 3　门锁系统故障诊断与排除

 学习目标

1. 素质目标
(1) 培养学生的逻辑思维能力和创新能力。
(2) 培养学生具备诚信、严谨、规范、求真的职业精神。
(3) 培养学生具备能主动获取信息、团队协作与沟通交流的能力。

2. 知识目标
(1) 掌握门锁系统结构和工作原理。
(2) 掌握门锁电路分析方法和故障的诊断方法。

3. 能力目标
(1) 能对门锁系统故障成因进行判断分析。
(2) 能制定门锁系统常见故障的诊断流程。
(3) 能正确使用检测设备进行门锁系统故障的诊断与排除。

 任务导入

一辆轿车,在使用遥控钥匙和车内联锁开关开锁和闭锁时,左前车门均不能正常工作,其余车门工作均正常。请制定出故障的诊断流程,并对本车辆进行维修,填写故障诊断排除报告。

知识链接

一、工作原理

如图 4-26 所示为迈腾 B8 中控门锁系统的组成,主要包括:J519 车载网络控制单元、四个车门的控制单元、左前门上的联锁开关、遥控钥匙、四个车门门锁单元等。

在开启或锁闭车门时,车辆 KESSY(Key-less Access)无钥匙进入系统可以靠感应,在不操作钥匙的情况下锁闭和解锁车辆,四个车门把手上装有触摸传感器,当遥控钥匙在 0.5 m 内,用手插入门把手,传感器将信号传递给进入及起动许可接口 J965,J965 通过 CAN 线将信

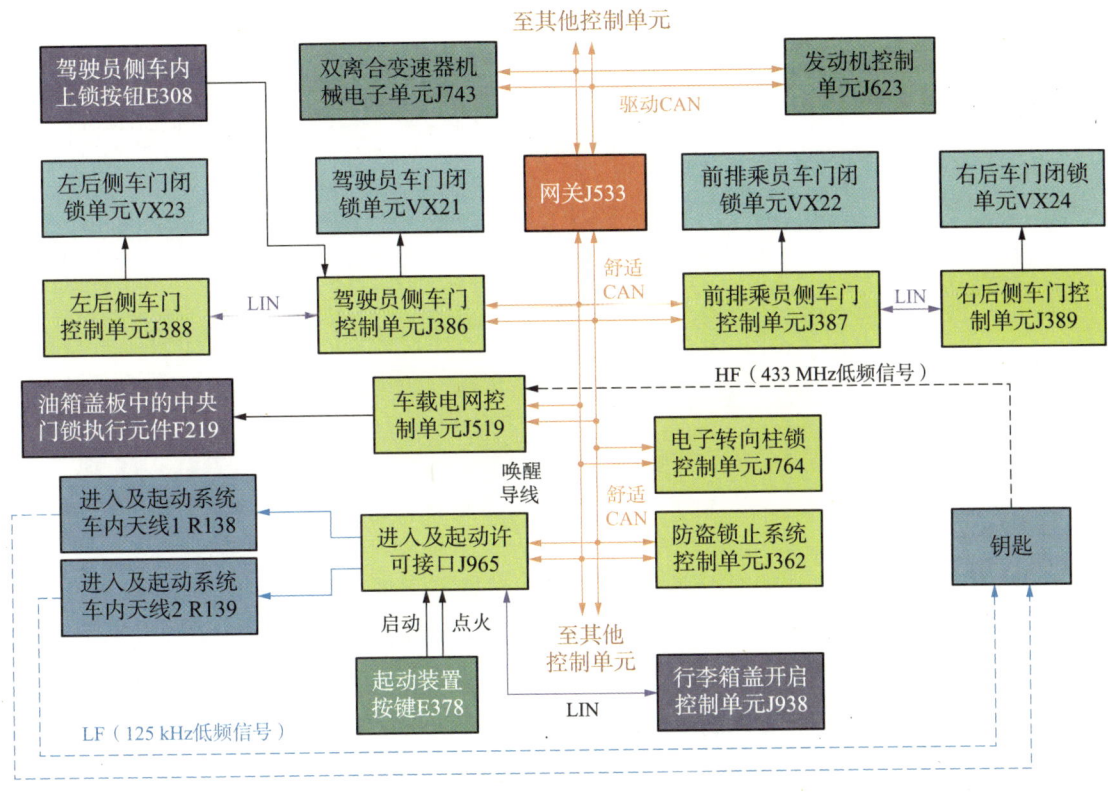

图 4-26 中控门锁系统工作原理

号传递给车载电网控制单元 J519，J519 接收信息后通过舒适 CAN 总线将信息发送给左前和右前车门控制单元，左前和右前车门控制单元控制自身车门门锁工作，同时左前和右前车门控制单元通过 LIN 线将信息分别传递给左后和右后车门控制单元，左后和右后车门控制单元分别控制各自车门上的门锁工作。

另外可以通过按压遥控器上的开锁、闭锁和行李箱锁按键，当操作遥控钥匙时，钥匙信息传递给车载电网控制单元 J519，J519 接收信息后通过舒适 CAN 总线将信息发送给左前和右前车门控制单元，左前和右前车门控制单元控制自身车门门锁工作，同时左前和右前车门控制单元通过 LIN 线将信息分别传递给左后和右后车门控制单元，左后和右后车门控制单元分别控制各自车门上的门锁工作。

第三种控制方式是通过车内联锁开关进行控制，打开车门，操作人员入坐后关闭所有车门，按压 E308 上的闭锁键，从内部应能打开所有车门，在外部应无法打开所有车门；按压 E308 上的开锁键，从内部、外部均能打开所有车门。

当使用机械钥匙进入时，通过驾驶员侧车门把手上锁芯打开中央门锁时，驾驶员侧车门应能正常打开，其余的无法打开；闭锁时，所有车门应能锁闭。

联锁开关及闭锁器电路原理图如图 4-27 所示，J386 通过其 T32/13 号端子输出一个高电位至驾驶员侧门锁 T4n/3 号端子，作为开关工作的参考电压，当按压驾驶员侧车门上的联锁开关闭锁键时，联锁开关闭合，信号线路通过触点直接和搭铁构成回路，将此高电位拉低。

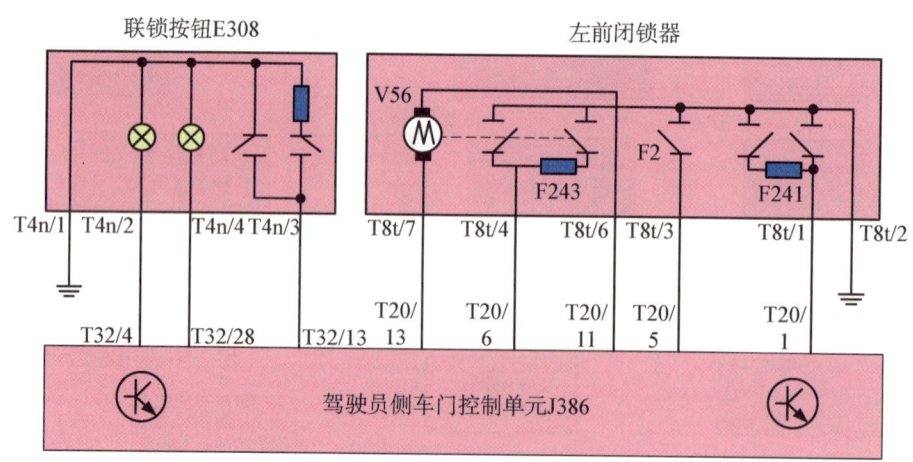

图 4-27 联锁开关及闭锁器电路原理图

J386 根据此信号控制门锁电动机闭锁;当按压联锁开关开锁键时,联锁开关的另外一个触点闭合,信号电路通过分压电阻 R 和搭铁构成回路,将此高电位拉低至 0 V,J386 根据此信号控制门锁电动机开锁。

驾驶员侧车门控制单元 J386 通过其 T20/13 号端子至门锁电动机的 T8t/7 号端子之间的线路连接到电动机的一个电刷,同时通过 T20/11 号端子至门锁电动机的 T8t/6 号端子之间的线路连接到电动机的另一个电刷。J386 同时给两条线路输出相反电压时,电动机动作,带动机械机构闭锁或开启车门锁止机构。

二、故障分析

门锁故障诊断分析

门锁电动机出现故障时,故障诊断流程如图 4-28 所示,首先读取故障码,如果存在故障码就按照故障码的提示展开检测;如果没有故障码,第一步需要测量门锁电动机两端的电压,正常情况下该电压值在开锁和闭锁挡位时是在 +B 和 -B 间变化的,如果门锁电动机端电压正常,则说明电动机自身可能存在故障,需

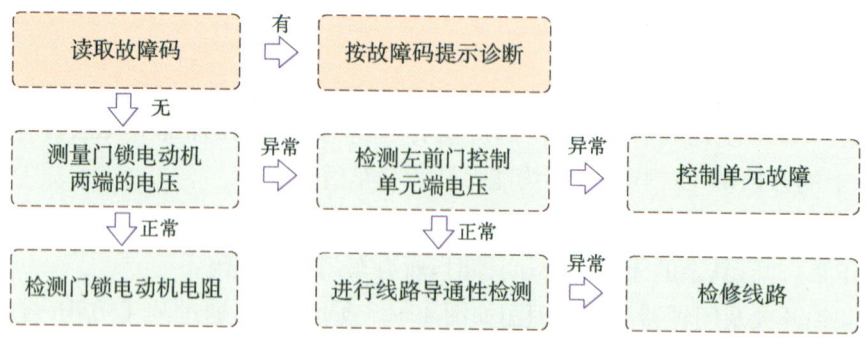

图 4-28 门锁电动机故障诊断流程

要检测电动机自身电阻。如果测量门锁电动机端电压异常,此时需要进一步检查左前门控制单元端电压的输出,如果控制单元端电压正常,则说明控制单元到电动机之间的线路存在故障,需要检查线路导通性,如果检测线路电阻为较大值或无穷大,则需要维修线路。如果测量控制单元端电压异常,这说明控制单元自身可能存在故障。

案例 门锁电动机线路断路故障检修

(一) 故障现象

一辆迈腾 B8 车辆,无钥匙进入和操作遥控器时,右后门车门无法正常上锁;打开点火开关,操作驾驶员侧的车内联锁开关时,右后车门门锁不工作,其他车门门锁正常工作;其余均正常。

(二) 故障分析

打开点火开关后,操作驾驶员侧的右后门玻璃升降器控制开关时,右后玻璃升降电动机正常工作,说明右后车门控制单元已经被正常唤醒,J519 与 J387 之间的 CAN 总线、J387 至 J389 之间的 LIN 总线通信正常;无钥匙进入和操作遥控器时及操作驾驶员侧的车内联锁开关时,其余车门工作正常,说明开关及其线路正常;右后车门门锁不工作的原因可能为:右后车门上锁单元自身故障,右后车门上锁单元线路故障,右后车门控制单元 J389 局部故障。

(三) 诊断流程

第一步:测量右后门锁电动机的电源。

打开点火开关,操作驾驶员侧的车内联锁开关,使用示波器测量右后门锁电动机 VX24 的 T8y/1、T8y/2 号端子之间波形,标准波形如图 4-29、图 4-30 所示。

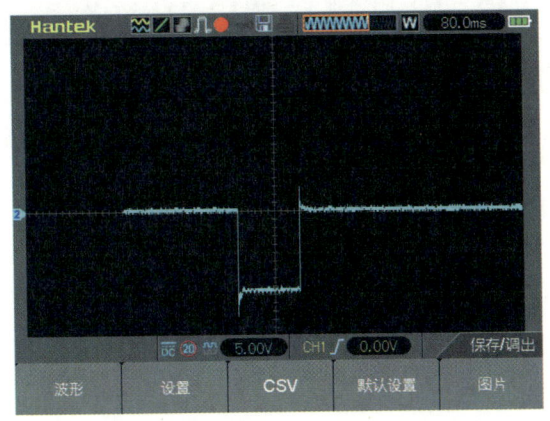

图 4-29 开锁时电动机两端标准波形

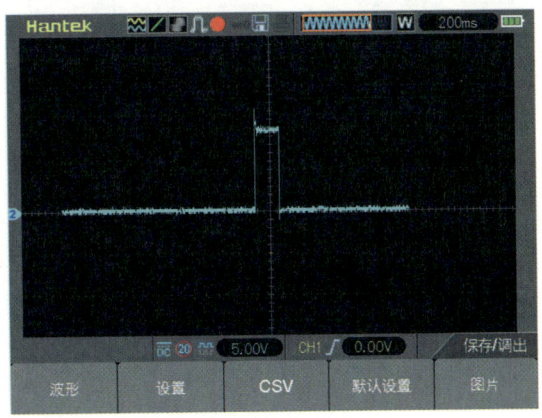

图 4-30 闭锁时电动机两端标准波形

实测波形如图 4-31 所示,从波形图中看出,门锁电动机工作时,没有形成+B 的电压差。

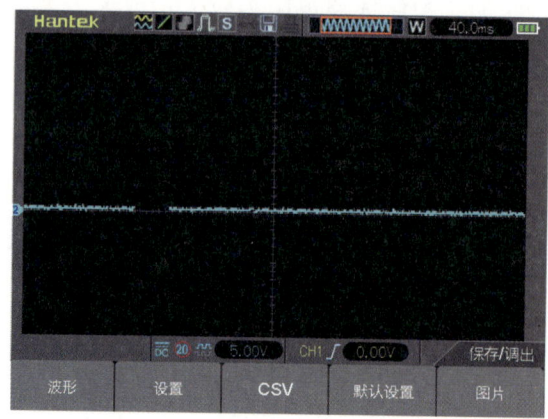

图 4-31　电动机两端实测波形

可能的故障原因有:J389 局部故障,右后门锁电动机到 J389 之间的线路故障。

第二步:测量 J389 端的门锁电动机电源信号。

打开点火开关,操作驾驶员侧的车内联锁开关,使用示波器测量 J389 的 T20c/11、T20c/13 号端子间的波形,如图 4-32、图 4-33 所示。

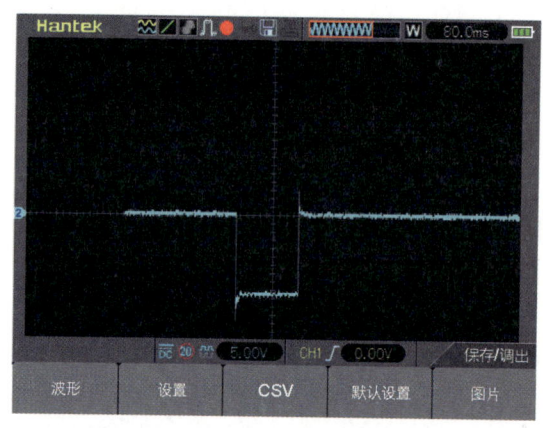

图 4-32　开锁实测波形

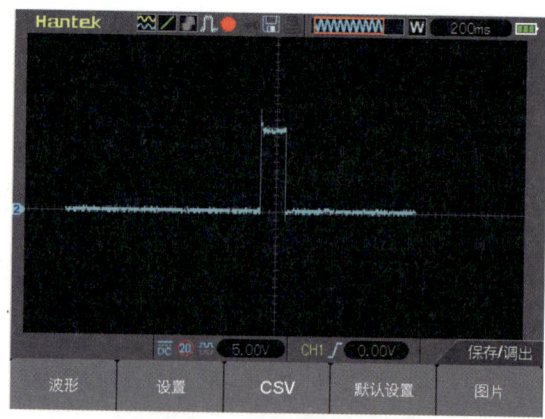

图 4-33　闭锁实测波形

从波形图中看出,J389 端输出正常,说明 J389 至 VX24 之间存在线路断路故障。

第三步:测量 VX24 的 T8y/1 号端子波形信号。

打开点火开关,操作驾驶员侧的车内联锁开关至开锁状态时,使用示波器测量右后门锁电动机 VX24 的 T8y/1 号端子对搭铁波形,实测波形如图 4-34 所示。

第四步:测量 J389 端的门锁电动机电源信号。

打开点火开关,操作驾驶员侧的车内联锁开关至开锁状态时,使用示波器测量 J389 的 T20c/11 号端子对搭铁波形,实测波形如图 4-35 所示。

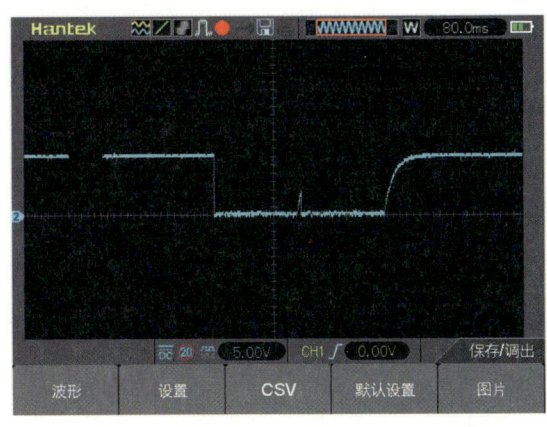 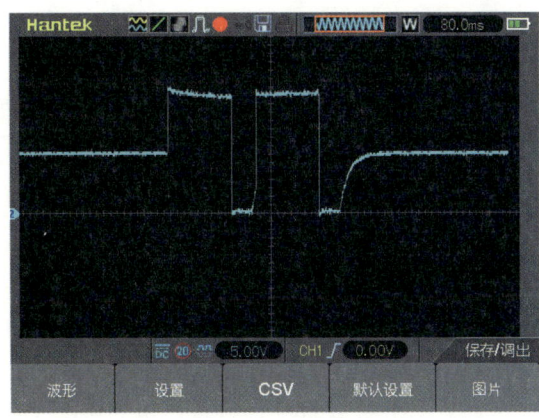

图 4-34　VX24 的 T8y/1 号端子波形信号　　图 4-35　J389 端的门锁电动机电源信号

通过 J389 的 T20c/11 号端子和 VX24 的 T8y/1 号端子波形对比,判断其之间线路存在断路故障,修复线路后,右后门门锁恢复正常。

任务 4　车窗升降系统故障诊断与排除

学习目标

1. 素质目标
(1) 培养学生的逻辑思维能力和创新能力。
(2) 培养学生具备诚信、严谨、规范、求真的职业精神。
(3) 培养学生具备能主动获取信息、团队协作与沟通交流的能力。

2. 知识目标
(1) 掌握车窗升降系统结构和工作原理。
(2) 掌握车窗升降系统电路分析方法和故障的诊断方法。

3. 能力目标
(1) 能对车窗升降系统故障成因进行判断分析。
(2) 能制定车窗升降系统常见故障的诊断流程。
(3) 能正确使用检测设备进行车窗升降系统故障的诊断与排除。

任务导入

一辆轿车,打开点火开关,操作驾驶员侧车窗升降总开关上的左后分开关和左后门上的车窗开关时,均不能控制左后车窗升降。请制定出故障的诊断流程,并对本车辆进行维修,填写故障诊断排除报告。

知识链接

一、工作原理

迈腾电动车窗系统组成及工作原理如图 4-36 所示,控制系统主要包括:遥控钥匙、车载电网控制单元 J519、数据总线诊断接口 J533、四个车门控制单元、四个车门升降开关、四个车门车窗电动机等。当使用遥控钥匙控制车窗升降时,遥控钥匙信号发送给车载电网控制单元 J519,J519 接收后通过舒适 CAN 总线将信息发送给左前和右前车门控制单元,左前和右前车门控制单元控制自身车门车窗升降。同时左前和右前车门控制单元通过 LIN 线将信息分别传递给左后和右后车门控制单元,左后和右后车门控制单元分别控制各自车门上的车窗升降。

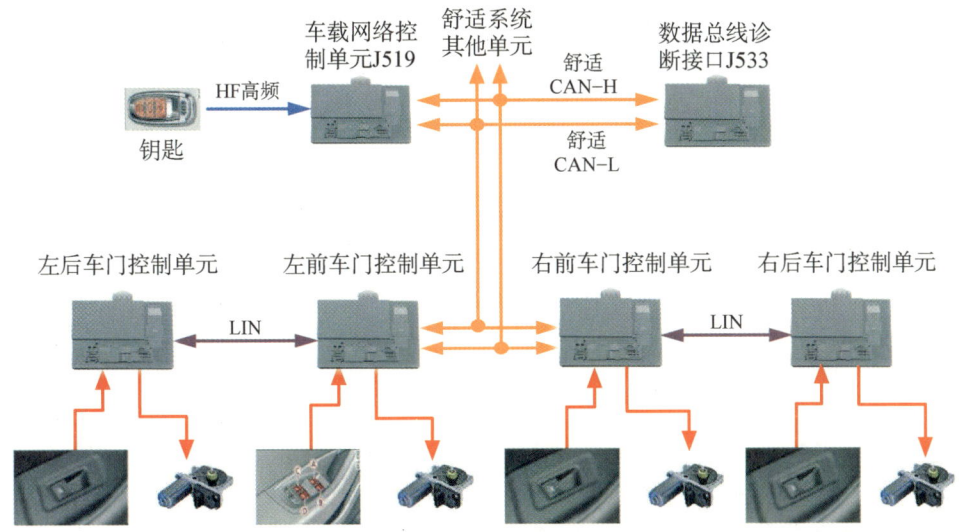

图 4-36　迈腾电动车窗系统组成

(一) 左前门的车窗工作过程

如图 4-37 所示,当操作驾驶员侧车窗升降开关 A 时,当向上拉动开关至一挡(代表手动上升)、向上拉动开关至二挡(代表自动上升)、向下按动开关至一挡(代表手动下降)、向下按动开关至二挡(代表自动下降),开关就会将左前车门控制单元提供的 0 V—+B 的方波信号(基准)幅值电压分压后作为信号输送给左前车门控制单元,左前车门控制单元将此信号转变成数字信号,并根据内部的程序控制驾驶员侧玻璃升降器电动机的运行。

车窗升降系统工作原理

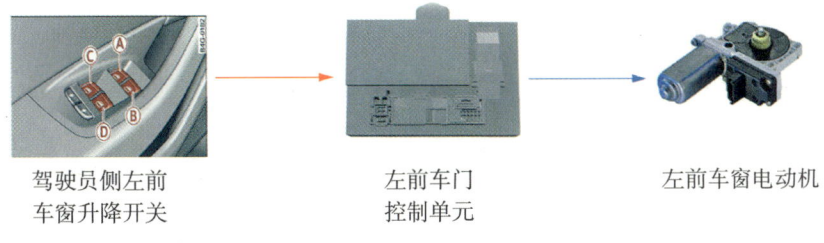

图 4-37　左前车窗工作过程

(二) 右前车窗控制过程

如图 4-38 所示为右前车窗控制过程,右前车窗电动机受控于两个开关,一个是位于驾驶员侧的车窗升降器总开关上的分开关 B,一个是位于右前车门上的单体开关,两个开关的控制路径不同。

(1) 利用驾驶员侧的车窗升降器总开关分开关 B 进行控制:操作分开关 B 至不同挡位时,开关就会将左前车门控制单元提供的 0 V—+B 的方波信号(基准)幅值电压分压后作为信号输送给左前车门控制单元,左前车门控制单元将此信号转变成数字信号,通过舒适 CAN 总线传送给右前车门控制单元,右前车门控制单元根据内部的程序控制右前车窗电动机的运行。

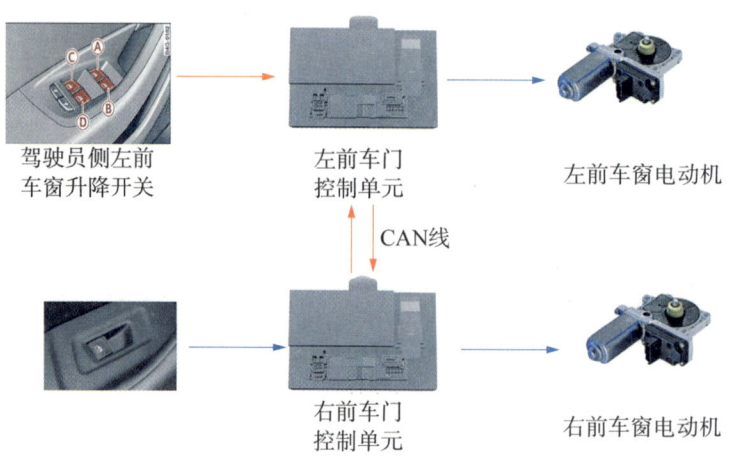

图 4-38 右前车窗控制过程

(2) 利用右前门的车窗升降开关进行控制:当操作右前门上的车窗升降开关时,当向上拉动开关至一挡(代表手动上升)、向上拉动开关至二挡(代表自动上升)、向下按动开关至一挡(代表手动下降)、向下按动开关至二挡(代表自动下降),开关就会将右前车门控制单元提供的 0 V—+B 的方波信号(基准)幅值电压分压后作为信号输送给右前车门控制单元,右前车门控制单元将此信号转变成数字信号,并根据内部的程序控制右前车门上的车窗电动机的运行。

(三) 左后车窗控制过程

如图 4-39 所示为左后车窗控制过程,左后车窗电动机受控于两个开关,一个是位于驾驶员侧的车窗总开关的分开关 C,一个是位于左后车门上的车窗开关。两个开关的控制路径不同。

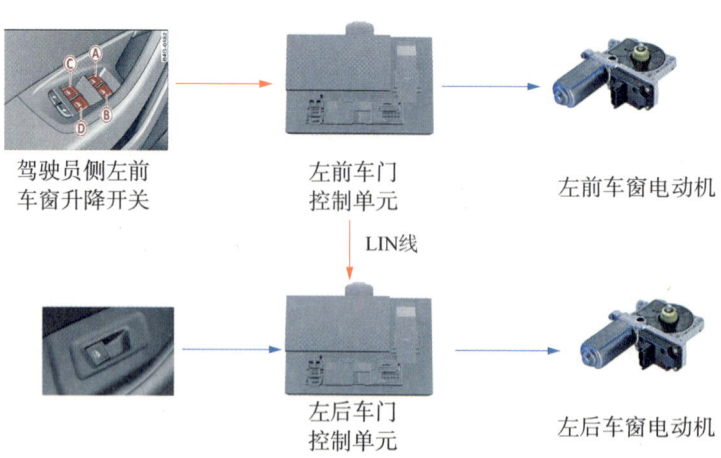

图 4-39 左后车窗控制过程

（1）利用驾驶员侧的分开关C进行控制：当操作驾驶员侧的分开关C时，分开关C会将左前车门控制单元提供的0V—+B的方波信号（基准）幅值电压分压后作为信号输送给左前车门控制单元，左前门控制单元将此信号转变成数字信号，通过LIN总线传送给左后侧车门控制单元，左后车门控制单元根据内部的程序控制左后车门上的车窗电动机的运行。

（2）利用左后车窗开关进行控制：操作左后车门上的车窗开关时，不管向上拉动开关至一挡（代表手动上升）、向上拉动开关至二挡（代表自动上升）、向下按动开关至一挡（代表手动下降），还是向下按动开关至二挡（代表自动下降），开关会将左后车门控制单元提供的0V—+B的方波信号（基准）幅值电压分压后作为信号输送给左后车门控制单元，左后车门控制单元将此信号转变成数字信号，并根据内部的程序控制左后车窗电动机的运行。

（四）右后车窗控制过程

如图4-40所示为右后车窗控制过程，右后车窗电动机受控于两个开关，一个是位于驾驶员侧的车窗升降总开关上的分开关D，一个是位于右后车门上的单体车窗开关，两个开关的控制路径不同。

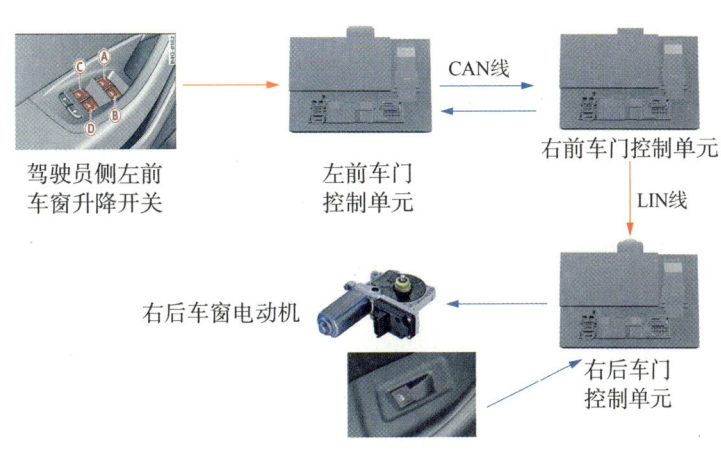

图4-40 右后车窗控制过程

（1）利用驾驶员侧的分开关D进行控制：当操作驾驶员侧的分开关D进行控制时，不管向上拉动开关至一挡（代表手动上升）、向上拉动开关至二挡（代表自动上升）、向下按动开关至一挡（代表手动下降），还是向下按动开关至二挡（代表自动下降），开关就会将J386提供的0V—+B的方波信号（基准）幅值电压分压后作为信号输送给驾驶员侧车门控制单元，驾驶员侧车门控制单元将此信号转变成数字信号，通过舒适CAN总线传送给右前车门控制单元，右前车门控制单元再通过LIN总线传送给右后车门控制单元，右后车门控制单元根据内部的程序控制右后玻璃升降器电动机的运行。

（2）利用右后车门车窗开关进行控制：当儿童安全锁开关E318不起作用、操作右后车门的车窗开关时，不管向上拉动开关至一挡（代表手动上升）、向上拉动开关至二挡（代表自动上升）、向下按动开关至一挡（代表手动下降），还是向下按动开关至二挡（代表自动下降），开关就会将右后车门控制单元提供的0V—+B的方波信号（基准）幅值电压分压后作为信号输送给右后车门控制单元，右后车门控制单元将此信号转变成数字信号，并根据内部的程序控制右后车窗电动机的运行。

二、故障分析

车窗升降系统常见的故障现象有:驾驶员侧玻璃升降器开关控制所有车门玻璃升降异常;驾驶员侧玻璃升降器开关控制某个车门玻璃升降异常;一侧玻璃升降器开关控制对应车门玻璃升降异常。以迈腾 B8 制动灯系统为例,其故障诊断思路如下。

(1) 打开点火开关,操作驾驶员侧玻璃升降器开关 E512 上的驾驶员侧玻璃升降器开关,车窗应能正常手动上升、自动上升、手动下降、自动下降。

◇ 所有功能均失效,可能的故障原因有:

① 升降开关自身、开关供电、信号线路故障;

② 驾驶员侧车门控制单元 J386 及相关线路故障;

③ 驾驶员侧玻璃升降器电机自身及其控制线路故障。

◇ 如果为单个升降功能异常,可能为开关内部控制对应的触点、电阻及线路板存在故障。

(2) 操作驾驶员侧玻璃升降器开关 E512 上的副驾驶员侧玻璃升降器开关,右前车窗玻璃应能正常手动上升、自动上升、手动下降、自动下降;操作副驾驶员侧车门面板上的玻璃升降器开关,右前车窗玻璃应能正常手动上升、自动上升、手动下降、自动下降。

◇ 如果操作驾驶员侧玻璃升降器开关 E512 上的副驾驶员侧玻璃升降器开关控制右前车窗玻璃工作异常,操作副驾驶员侧车门面板上的玻璃升降器开关 E107 控制右前车窗玻璃工作正常,则可能的故障有:

① 驾驶员侧玻璃升降器 E512 上分开关自身、开关供电及信号线路故障;

② J387 与 J386 之间通讯故障(可结合右侧后视镜、门锁系统工作情况验证,若右侧后视镜、门锁系统工作正常,则可排除 J387 与 J386 之间通讯故障的可能性);

③ J386 局部故障。

◇ 如果副驾驶员侧玻璃升降器开关 E107 控制右前车窗玻璃工作异常;驾驶员侧玻璃升降器 E512 上分开关控制右前车窗玻璃工作正常,可能的故障有:

① 副驾驶员侧玻璃升降器开关 E107 本身、供电及信号线路故障;

② J387 局部故障。

◇ 如果为单个功能异常,可能的故障有:

① 玻璃升降器开关内部控制对应的触点、电阻及线路板故障;

② J386、J387 局部故障。

◇ 如果操作驾驶员侧玻璃升降器开关 E512 上的副驾驶员侧玻璃升降器开关、副驾驶员侧车门面板上的玻璃升降器开关 E107 控制右前车窗玻璃工作均异常,则可能的故障有:

① 右前玻璃升降器电机自身故障;

② 右前玻璃升降器电机至 J387 之间线路故障;

③ J387 局部故障。

项目四 汽车舒适系统故障诊断与排除 135

案例 驾驶员侧右后玻璃升降器开关线路断路故障检修

(一) 故障现象

一辆迈腾 B8 车辆,打开点火开关,操作驾驶员侧右后玻璃升降器开关时,右后玻璃升降电动机不工作,但操作右后门上的玻璃升降开关时,右后玻璃升降电动机正常工作;其余均正常。

(二) 故障分析

打开点火开关后,操作右后门上的玻璃升降器开关时,右后玻璃升降电动机正常工作,说明 J519 与 J387 之间、J386 与 J387CAN 总线、J387 至 J389 之间的 LIN 总线通信正常;右后玻璃升降电机本身正常。

导致驾驶员侧右后玻璃升降开关不能控制右后门玻璃升降的原因可能有:驾驶员侧右后玻璃升降器开关 E713 故障,E713 至 J386 之间的线路故障,J386 局部故障。驾驶员侧车窗升降单元电路如图 4-41 所示。

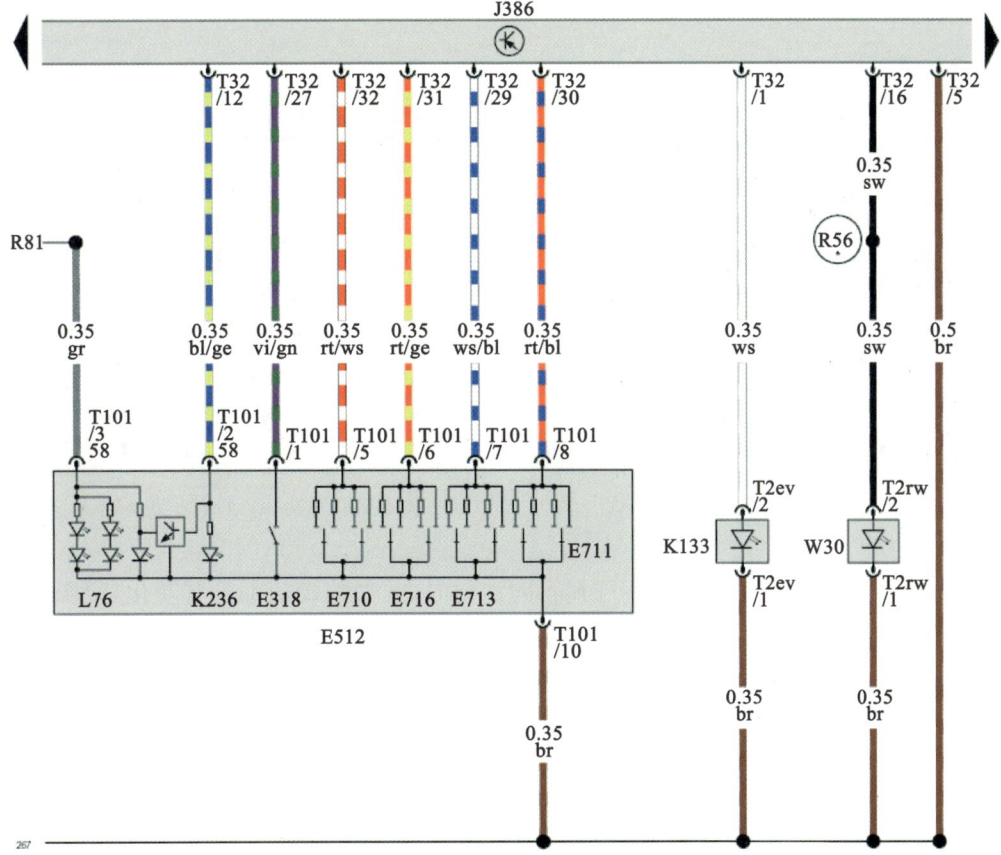

图 4-41 驾驶员侧车窗升降器单元电路

(三) 诊断流程

第一步: 读取故障码。

无故障代码。

第二步: 测量 J386 的右后玻璃升降开关输入信号。

打开点火开关,操作驾驶员侧右后玻璃升降开关,测量 J386 的 T32/29 号端子对搭铁波形,标准波形为 0—12 V 方波随挡位变化,如图 4-42~图 4-45 所示。

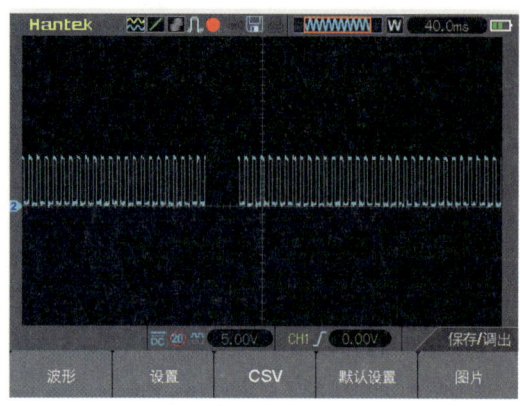

图 4-42　E713 开关点升标准波形

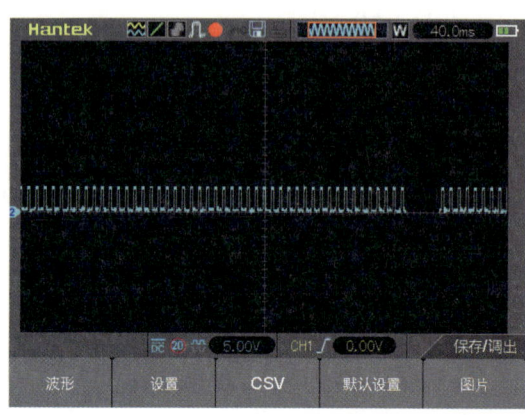

图 4-43　E713 开关自动升标准波形

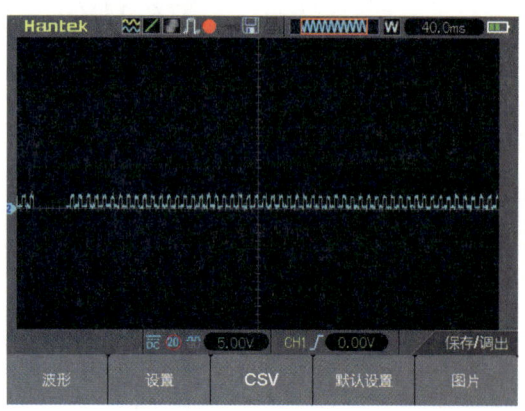

图 4-44　E713 开关点降标准波形

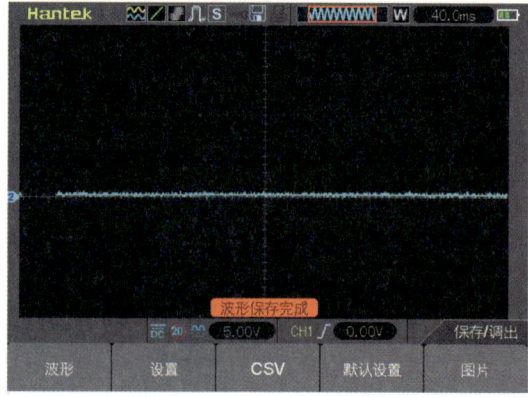

图 4-45　E713 开关自动降标准波形

实测波形如图 4-46 所示,开关打到不同挡位时,波形的幅值都没有变化,说明 J386 没有收到正确的开关信号。

那导致驾驶员侧右后玻璃升降开关不能控制右后门玻璃升降的原因可能有:驾驶员侧右后玻璃升降开关 E713 故障,E713 的线路故障。

第三步: 测量驾驶员侧右后玻璃升降开关 E713 的输出信号。

打开点火开关,操作驾驶员侧右后玻璃升降开关,测量 E713 的 T101/7 号端子对搭铁波形,实测波形如图 4-47 所示,为 0 V 一条直线。

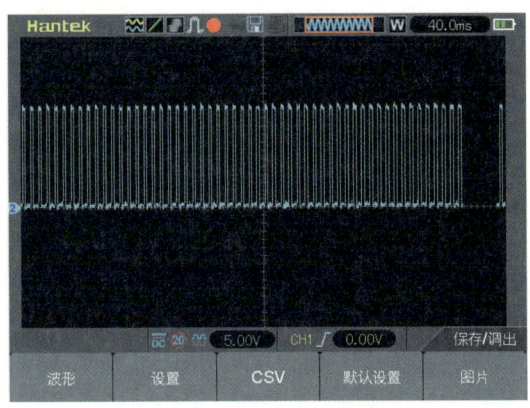 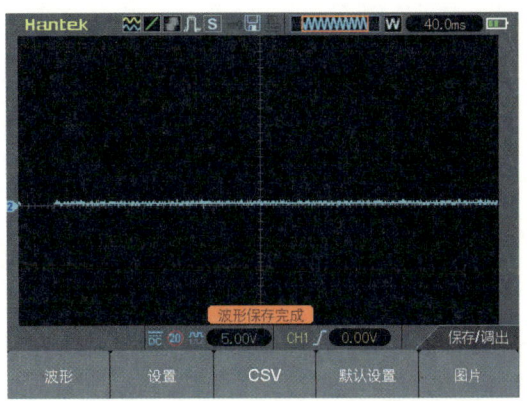

图 4-46 实测波形　　　　　　　图 4-47 开关 E713 的输出信号

从实测波形可以看出,开关打到不同挡位时,波形的幅值始终为 0 V,而 T32/29 号端子为 0—12 V 波形信号,说明 E713 的 T10l/7 号端子至 J386 的 T32/29 号端子之间的线路存在断路。

任务 5　后视镜系统故障诊断与排除

 学习目标

1. 素质目标
(1) 培养学生的逻辑思维能力和创新能力。
(2) 培养学生具备诚信、严谨、规范、求真的职业精神。
(3) 培养学生具备能主动获取信息、团队协作与沟通交流的能力。

2. 知识目标
(1) 掌握后视镜系统结构和工作原理。
(2) 掌握后视镜系统电路分析方法和故障的诊断方法。

3. 能力目标
(1) 能对后视镜系统故障成因进行判断分析。
(2) 能制定后视镜系统常见故障的诊断流程。
(3) 能正确使用检测设备进行后视镜系统故障的诊断与排除。

 任务导入

　　一辆轿车,打开点火开关,后视镜开关在 R 挡和 L 挡进行后视镜调节时,右侧后视镜均不能正常动作。请制定出故障的诊断流程,并对本车辆进行维修,填写故障诊断排除报告。

知识链接

一、工作原理

后视镜系统工作原理

　　迈腾后视镜控制系统组成及工作原理如图 4-48 所示,迈腾后视镜控制系统通过车门控制单元进行集中控制,控制系统主要包括:后视镜控制开关、左侧后视镜总成、右侧后视镜总成、驾驶员侧车门控制单元 J386、前排乘员侧车门控制单元等。当使用遥控钥匙解、闭锁时,车载电网控制单元将钥匙指令通过舒适 CAN 总线传送给左前、右前车门控制单元,左前、右前车门控制单元控制后视镜折叠或展

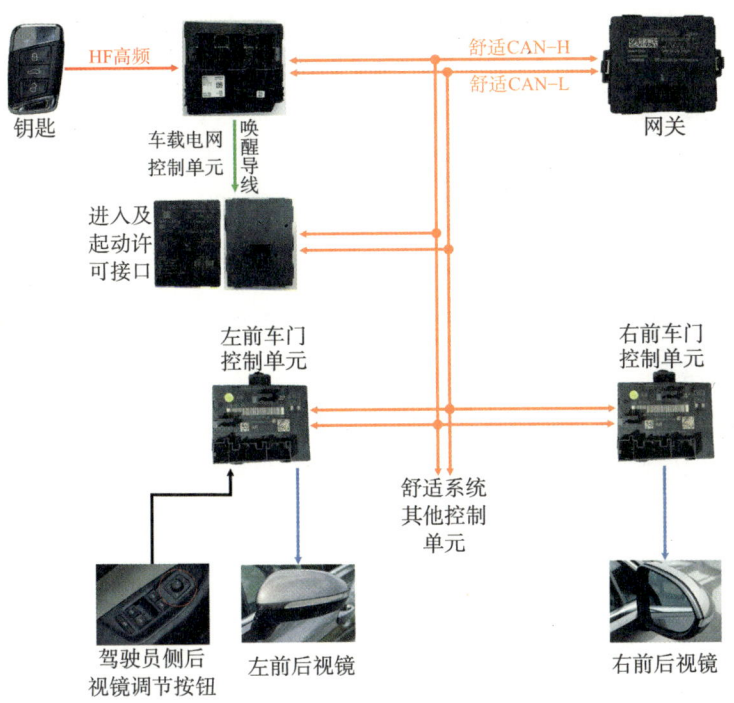

图 4-48 迈腾后视镜控制系统组成及工作原理

开。当操作后视镜调节开关 EX11 时,调节开关将信号传递给左前车门控制单元 J386,J386 控制左侧后视镜折叠或展开,同时左前车门控制单元 J386 通过 CAN 总线将调节开关信号传送给前排乘员侧车门控制单元 J388,J388 控制右侧后视镜折叠或展开。

如图 4-49 所示为迈腾后视镜控制开关的电路原理图,从中可以看出,后视镜转换开关的工作原理如下:驾驶员侧车门控制单元 J386 通过其 T32/25 号端子输出一个 0 V—+B 的方波信号至驾驶员侧转换开关的 T6v/5 号端子,作为开关工作的参考信号,当操作后视镜转换开关时,开关闭合,通过内部的导线或分压电阻 R 与搭铁电路构成回路,将此高电位信号(幅值)拉低至对应的阶梯电压(幅值),控制单元 J386 根据该电压来判知驾驶员操作意图。

(1) 后视镜转换开关旋至左侧位置(L)时,开关内部电路将+B 的参考信号幅值拉低至大约 3%,J386 根据此电压幅值判定是否需要调节左侧后视镜的水平和垂直位置。

(2) 后视镜转换开关旋至右侧位置(R)时,开关内部电路将+B 的参考信号幅值拉低至大约 10%,J386 根据此电压值判定是否需要调节右侧后视镜的水平和垂直位置。

如图 4-50 所示为后视镜调节电动机控制电路图,从图中可以看出,后视镜垂直和水平调节电动机有一根共用电路,即 V17 和 V149 共用一根控制导线 T3cj/2,无论 V17 还是 V149 工作,这根电路都会出现低电位或高电位。以左侧后视镜为例,后视镜水平调节时,微电动机 V17 可以沿两个方向工作,如果电动机控制电路电压相反,即 T3cj/2 号端子和 T3cj/1 号端子电压相反,电动机运转方向相反,通过连接机构带动后视镜左右水平摆动;后视镜垂直调节时,微电动机 V149 可以沿两个方向工作,如果电动机控制电路电压相反,即 T3cj/2 号端子和 T3cj/3 号端子电压相反,电动机运转方向相反,通过连接机构带动后视镜上下垂直摆动。

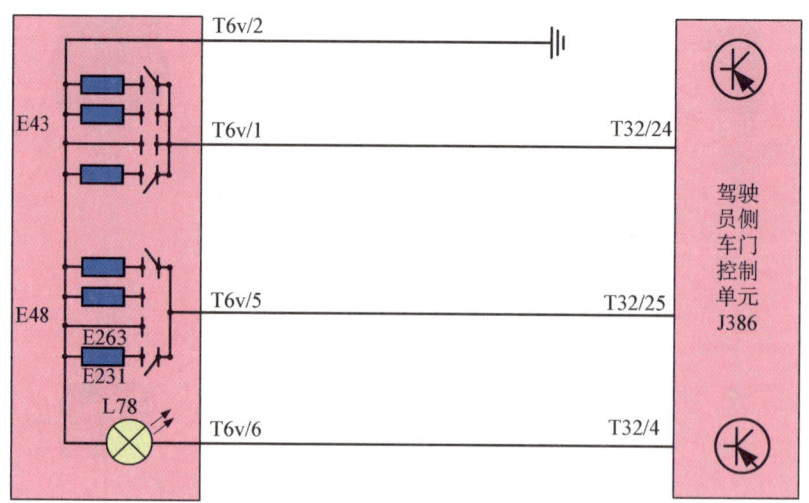

E43—后视镜调节开关　　　E48—后视镜调节转换开关
E231—车外后视镜加热按钮　E236—后视镜内折开关

图 4-49　迈腾后视镜控制开关的电路

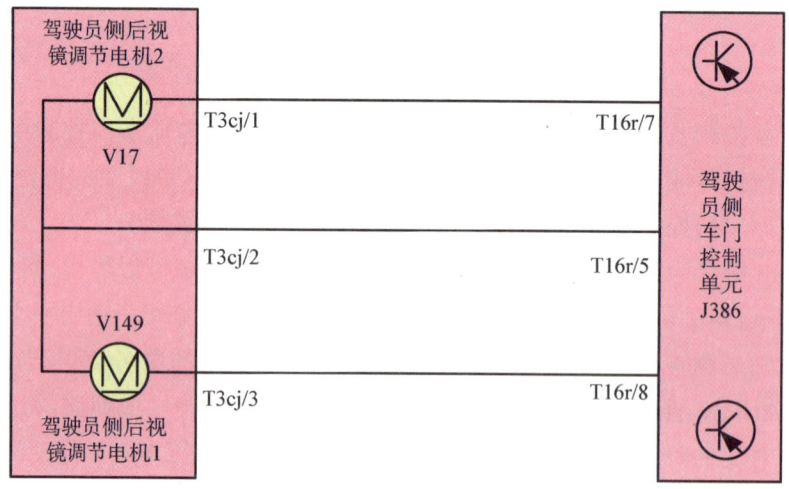

图 4-50　后视镜调节电动机控制电路

二、故障分析

后视镜系统常见的故障现象有:两侧后视镜工作异常;一侧后视镜工作异常。以迈腾 B8 后视镜系统为例,其故障诊断思路如下。

(1) 打开点火开关,操作后视镜转换开关 E48 至左侧后视镜调节位置,操作后视镜调节开关 E43,驾驶员侧及副驾驶员侧后视镜应能正常调节。

◇ 如果左、右后视镜所有调节功能异常,则可能存在以下故障的一个或多个:

① 转换开关及调节开关自身、供电及信号线路故障;

② J386 电源故障;

③ 驾驶员侧后视镜电机、控制线路故障；

④ J387 电源故障；

⑤ 副驾驶员侧后视镜电机、控制线路故障；

⑥ 舒适 CAN 总线故障；

⑦ J386 局部故障；

⑧ J387 局部故障。

◇ 如果只有驾驶员侧后视镜所有调节功能异常，则可能存在以下故障的一个或多个：

① J386 局部故障；

② 驾驶员侧后视镜电机及控制线路故障。

◇ 如果只有副驾驶员侧后视镜所有调节功能异常，则可能存在以下故障的一个或多个：

① J386 局部故障；

② 舒适 CAN 总线故障；

③ J387 电源故障；

④ 副驾驶员侧后视镜电机及控制线路故障；

⑤ J387 局部故障。

◇ 如果所有后视镜水平调节异常，则可能存在以下故障的一个或多个：

① 后视镜调节开关 E43 内部水平调节触点及线路板故障；

② 驾驶员后视镜水平调节电机及控制线路故障；

③ 副驾驶员后视镜水平调节电机及控制线路故障。

◇ 如果所有后视镜垂直调节功能异常，则可能存在以下故障的一个或多个：

① 后视镜调节开关 E43 内部垂直调节触点及线路板故障；

② 驾驶员后视镜垂直调节电机及控制线路故障；

③ 副驾驶员后视镜垂直调节电机及控制线路故障。

◇ 如果单个后视镜水平或者垂直调节功能异常，则为对应的后视镜调节电机及控制线路故障。

（2）打开点火开关，操作后视镜转换开关 E48 至右侧后视镜调节位置，操作后视镜调节开关 E43，副驾驶员侧后视镜应能正常调节。

如果副驾驶员侧后视镜功能异常，则为后视镜转换开关 E48 内部故障，控制单元无法识别后视镜调节开关选择至右侧位置。

 任务实施

案例　后视镜开关故障检修

（一）故障现象

一辆迈腾 B8 车辆，打开点火开关，后视镜转换开关在 L、R 挡时，左右后视镜均不能调

节，但后视镜折叠功能正常，后视镜上转向灯工作正常；其余均正常。

（二）故障分析

根据现象可知，由于后视镜折叠功能正常，说明转换开关 E48 及其线路正常；后视镜上转向灯工作正常，说明 J386、J387CAN 线通信正常；左侧、右侧后视镜及其线路同时出现故障的概率较低，综合分析故障的可能原因有：E43 调节开关自身故障、E43 调节开关至 J386 间线路故障、驾驶员侧车门控制单元 J386 局部故障。

（三）诊断流程

第一步：测量驾驶员侧车门控制单元 J386 端信号输入。

打开点火开关，转换开关在 L 或 R 挡时，操作 E43 开关至不同挡位，测量 J386 的 T32/24 号端子对搭铁波形，标准波形为 0—12 V 的方波随挡位变化，标准波形如图 4-51～图 4-54 所示，实测波形为 0—12 V 方波不变，测试结果异常。说明 J386 未接收到后视镜调节开关信号，下步检测开关信号的输出。

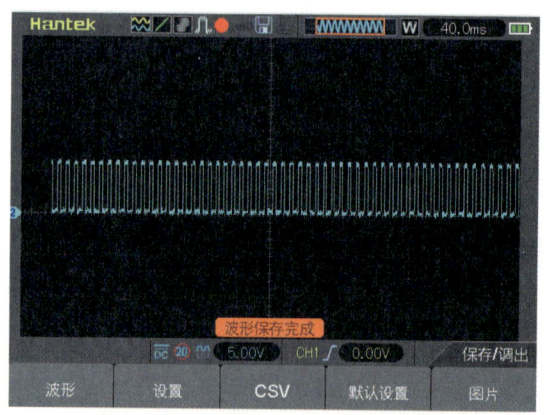

图 4-51 调节开关右调标准波形

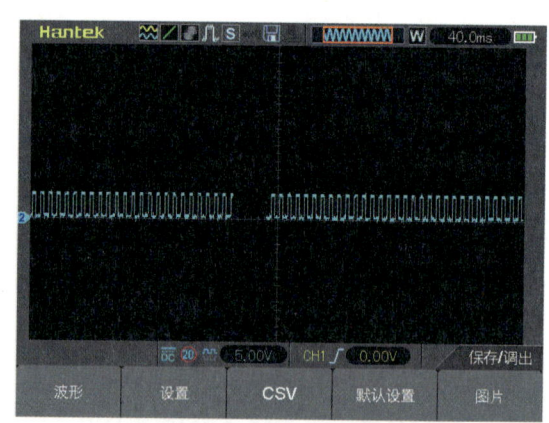

图 4-52 调节开关左调标准波形

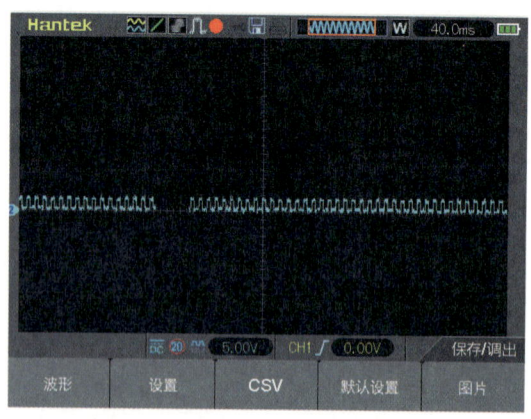

图 4-53 调节开关上调标准波形

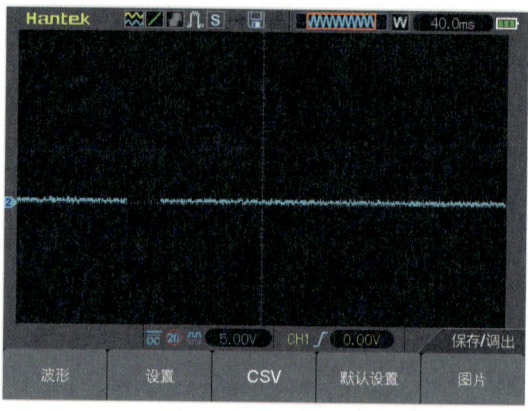

图 4-54 调节开关下调标准波形

第二步:测量调节开关端信号输出。

打开点火开关,转换开关在 L 或 R 挡时,操作 E43 开关至不同挡位,测量 E43 的 T6 V/1 号端子对搭铁波形,实测波形为 0 V 一条直线,如图 4-55 所示,测试结果异常。

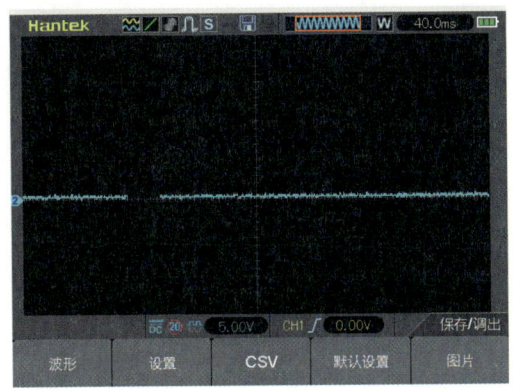

图 4-55 实测波形

E43 的 T6 V/1 号端子至 J386 的 T32/24 号端子一端为 0 V 直线,一端为 0—12 V 方波,判断为线路断路,修复故障后,后视镜调节功能恢复正常。

附件：学生实训报告单

实训项目		配分	扣分	判罚依据
故障现象描述				
可能的故障原因				
故障诊断流程（※注明测试条件、插件代码和编号，控制单元针脚代号）				
故障点和故障类型确认				

一、填空题

1. CAN 数据总线系统由_____、_____、两个数据传输终端和两条数据传输线组成。
2. CAN 数据传输线中的两条线绞在一起,主要是为了_____,保证数据的正确传输。
3. 迈腾电动车窗控制系统主要包括：遥控钥匙、_____、数据总线诊断接口 J533、四个车门控制单元、四个车门升降开关、四个_____等。

二、选择题

1. 以下哪个故障会导致大众轿车的所有电动车窗都不能升降（　　）。
   A. 主控开关故障　　　　　　　　　B. 前排乘员侧分控开关故障
   C. 左后乘员侧分控开关故障　　　　D. 右后乘员侧分控开关故障
2. 在讨论中控门锁的控制开关的构造时,技师甲说该开关是用来向门锁执行器提供开锁和闭锁的脉冲电流。技师乙说该开关是用来向门锁控制模块提供开锁或闭锁电压信号。请问谁的说法是正确的(　　)。
   A. 只有甲正确　　B. 只有乙正确　　C. 甲乙均正确　　D. 甲乙均不正确
3. 下列哪个原因不会导致如下故障：驾驶员侧车门玻璃升降器组合开关不能控制所有车门玻璃升降器的运行,而其他车门上的玻璃升降器开关可以正常控制各自车门玻璃升降器的运行(　　)。
   A. 组合开关本身及其电源电路存在故障
   B. 组合开关与驾驶员侧车门控制单元之间的连接电路存在故障
   C. 驾驶员侧车门控制单元内部及其电源电路存在故障
   D. 驾驶员侧玻璃升降器电动机存在故障

三、简答题

1. 请简述右前车门 CAN 总线断路时,迈腾 B8 车辆出现的故障现象。
2. 请简述车窗系统的工作原理。
3. 请简述后视镜控制系统的工作原理。

项目五 汽车防盗系统故障诊断与排除

本项目内容包含无钥匙进入系统故障诊断与排除、一键启动系统故障诊断与排除 2 个学习任务。通过本项目的学习,掌握汽车防盗系统的基本结构、工作原理、电路分析方法、故障诊断方法等基础知识,具备汽车防盗系统常见故障的诊断与排除能力。

汽车防盗系统故障诊断与排除
- 无钥匙进入系统故障诊断与排除
- 一键起动系统故障诊断与排除

任务 1　无钥匙进入系统故障诊断与排除

 学习目标

1. 素质目标
(1) 培养学生的逻辑思维能力和创新能力。
(2) 培养学生具备诚信、严谨、规范、求真的职业精神。
(3) 培养学生具备能主动获取信息、团队协作与沟通交流的能力。

2. 知识目标
(1) 掌握无钥匙进入系统结构和工作原理。
(2) 掌握无钥匙进入系统电路分析方法和故障的诊断方法。

3. 能力目标
(1) 能对无钥匙进入系统故障成因进行判断分析。
(2) 能制定无钥匙进入系统常见故障的诊断流程。
(3) 能正确使用检测设备进行无钥匙进入系统故障的诊断与排除。

 任务导入

一辆迈腾 B8 轿车，无钥匙进入功能失效，触摸车门接触传感器，车门无法打开。请制定出故障的诊断流程，并对本车辆进行维修，填写故障诊断排除报告。

知识链接

一、工作原理

在开启或锁闭车门时，车辆 KESSY(Key-less Access)无钥匙进入系统可以靠感应，在不操作钥匙的情况下锁闭和解锁车辆，如图 5-1 所示为车辆 KESSY 组成。

其工作过程如图 5-2 所示，当触摸门把手接触传感器时，该传感器(电流约 14 mA)唤醒进入及驱动系统接口 J965，J965 被唤醒后，一方面通过唤醒线唤醒 J519(J519 持续向唤醒信号线提供蓄电池电压、J965 短时间拉低唤醒线的高电平)，另一方面 J965 向该侧车门室外天线发送 125 kHz 低频信号(包括钥匙唤醒信息、ID 码询问信息等)；已授权的钥匙被唤醒

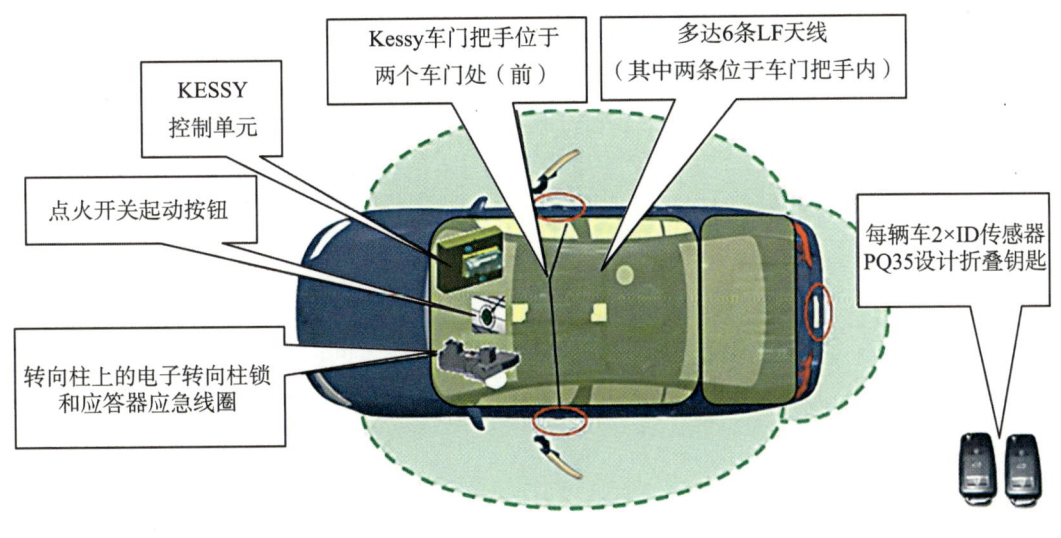

图 5-1 车辆 KESSY 组成

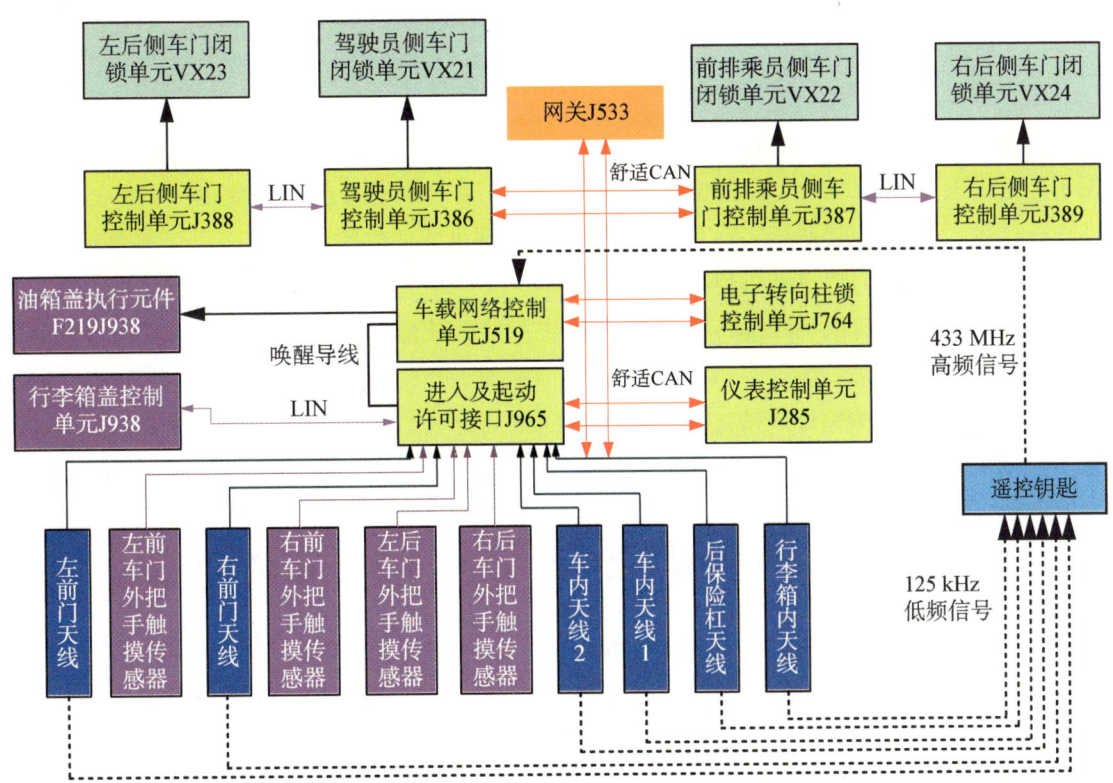

图 5-2 无钥匙进入工作过程

后指示灯会闪烁,验证 ID 码,若合法,则发出 433 MHz 的高频信息(含钥匙 ID 码、钥匙接收到的天线信息),J519 通过内置高频天线 R47 接收钥匙信息,验证钥匙 ID 码,若合法,则唤醒舒适 CAN 总线,同时通过网关 J533 进一步唤醒动力 CAN 总线,同时车辆还会有以下反应:

(1) J519 控制车辆四角的所有转向灯闪烁。

（2）各车门控制模块接收到来自 CAN 总线的解锁信息，控制门锁电动机、后视镜折叠电动机（需要考虑车辆设置功能确定）、后视镜上转向灯动作。

（3）仪表 J285 接收到来自 CAN 总线的信息，控制其自身上的转向指示灯闪烁两次。

（4）发动机控制模块 J623 激活 J271 继电器约 8 s，但此时油泵不运转。

（5）车辆蜂鸣器会发出响声。

（6）舒适 CAN 会通过 J965 点亮点火开关背景灯；通过 J519、LIN、灯光旋钮开关点亮其背景灯。

（7）驱动 CAN 上的 J623 激活 J271 继电器（持续约 8 s），同时通过油泵控制信号线激活 J538，控制油泵运转一段时间（取决于油压），实现预供油。

二、故障分析

无钥匙进入系统常见的故障现象有：某侧车门无钥匙进入功能失效；所有车门无钥匙进入功能均失效。以迈腾 B8 钥匙进入系统为例，其故障诊断思路如下。

（1）单侧车门无钥匙进入失效，其他车门无钥匙进入正常。

由于单侧车门无钥匙进入失效，其他车门的无钥匙进入功能正常，说明其他车门门把手触摸传感器→J965→室外天线→钥匙→J519；J965→J519→舒适 CAN→门锁系统工作正常；无钥匙进入失效侧车门门把手触摸传感器→J965→失效侧室外天线→钥匙→J519；J965→J519→舒适 CAN→门锁系统工作异常。两者对比，则可能的故障原因有：

① 失效侧车门门把手触摸传感器自身故障；

② 失效侧车门门把手触摸传感器与 J965 之间线路故障；

③ J965 局部故障；

④ J965 与失效侧室外天线之间线路故障；

⑤ 失效侧室外天线自身故障。

（2）所有车门无钥匙进入功能均失效。

所有车门无钥匙进入功能均失效时，可以在无钥匙进入时观察钥匙指示灯是否闪烁为切入点进行分析。

◇ 无钥匙进入失效，钥匙指示灯不闪烁。

说明各车门门把手触摸传感器→J965→室外天线→钥匙工作异常。故障排查范围还需根据以下操作中的一个或多个进行缩小。

① 观察遥控钥匙解锁是否正常；

② 打开车门，观察钥匙指示灯是否闪烁；

③ 打开车门，观察 E378 背景灯是否点亮。

◇ 无钥匙进入失效，钥匙指示灯闪烁。

由于无钥匙进入时，钥匙指示灯闪烁，则说明各车门门把手触摸传感器→J965→室外天线→钥匙工作正常。无钥匙进入失效，则说明车门车外门把手触摸传感器→J965→室外天线→钥匙→J519；J965→J519→舒适 CAN→门锁系统工作异常。故障排查范围还需根据以下操作中的一个或多个进行缩小：

① 观察遥控钥匙解锁是否正常；
② 打开车门，观察钥匙指示灯是否闪烁；
③ 按下 E378，观察钥匙指示灯是否闪烁，仪表是否提示"未识别到钥匙"；
④ 应急模式打开 E378 是否正常。

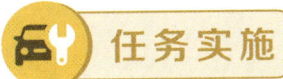

案例　J965 的供电熔丝 SC19 断路故障检修

（一）故障现象

无钥匙功能失效，触摸车门把手时，钥匙指示灯不闪烁；遥控钥匙可以正常解闭锁车门；打开车门仪表可以正常显示车门状态，E378 指示灯不亮；一键起动和应急起动均无法打开点火开关，方向盘不接受；起动时钥匙指示灯不亮，起动机不转。

（二）故障分析

使用遥控器可以开启车门，说明遥控钥匙到 J519 到 CAN 总线到门锁系统工作正常；仪表显示车门状态正常，说明车门控制模块到 CAN 总线到仪表单元 J285 工作正常。

造成 E378 背景灯不亮、钥匙指示灯不闪烁、无钥匙功能失效、方向盘无法解锁、发动机无法起动的原因为：J965 电源线路故障，J965 通信线路故障，J965 自身故障。

（三）故障诊断流程

第一步：读取故障码。

J965 无法通信，造成 J965 无法通信的原因有：J965 电源线路故障，J965 通信线路故障，J965 自身故障。

第二步：检查 J965 的 CAN 总线波形，实测波形如图 5-3 所示，波形正常。

用万用表测量 J965 的 T40/30 号端子对搭铁电压，正常情况下端子对搭铁电压为+B。实测结果为端子对搭铁电压为 0 V，说明上游电路存在故障。

第三步：检查 SC19 的对搭铁电压。

用万用表分别测量 SC19 的两端对搭铁电压，正常情况下两端对搭铁电压均为+B，实测一端为+B，一端为 0 V，说明 SC19 存在断路故障。更换熔丝后，系统恢复正常。

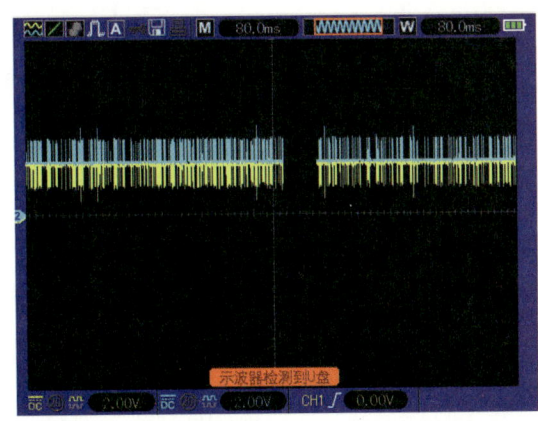

图 5-3　检查 J965 的 CAN 总线波形

任务 2　一键起动系统故障诊断与排除

学习目标

1. 素质目标

（1）培养学生的逻辑思维能力和创新能力。

（2）培养学生具备诚信、严谨、规范、求真的职业精神。

（3）培养学生具备能主动获取信息、团队协作与沟通交流的能力。

2. 知识目标

（1）掌握一键起动系统结构和工作原理。

（2）掌握一键起动系统电路分析方法和故障的诊断方法。

3. 能力目标

（1）能对一键起动系统故障成因进行判断分析。

（2）能制定一键起动系统常见故障的诊断流程。

（3）能正确使用检测设备进行一键起动系统故障的诊断与排除。

任务导入

一辆迈腾 B8 轿车，遥控钥匙可以正常解锁车门，一键起动和应急起动均无法打开点火开关，起动机不转。请制定出故障的诊断流程，并对本车辆进行维修，填写故障诊断排除报告。

知识链接

一、工作原理

防盗止动器可通过 W 线或 CAN 总线打开/锁止发动机控制单元，可以有效防止汽车在未被授权的情况下靠自身的动力被开走，在带有 KESSY 的车辆上，通过电子转向柱同时锁止方向盘。汽车防盗技术手段主要经历了以下几个阶段：

机械式锁主要起到限制车辆操作的作用，对防盗方面能够提供的帮助有限，很难抵挡住铁撬、钢锯、大剪刀等重型工具的盗窃，只能拖延偷车贼作案的时间却是事实，一般偷车贼要用几十秒甚至几分钟才能撬开方向盘锁，变速杆锁的破坏时间还要长一点。

电子式防盗锁,分为单向和双向两种。单向的电子防盗系统的主要功能是:车的开关门、振动或非法开启车门报警等。双向可视的电子防盗系统相比单向的更为直观,能彻底让车主知道汽车现实的情况,当车有异动报警时,同时遥控器上的液晶显示器会显示汽车遭遇的状况,缺点是有效范围只有100~200 m。电子防盗系统的致命伤在于其电子密码和遥控操作方式,当车主用遥控器开关车门时,匿藏在附近的偷车贼可以用接收器或扫描器盗取遥控器发出的无线电波或红外线,再经过解码,就可以开启汽车的防盗系统。

芯片式数码防盗器的基本原理是锁住汽车的起动机、电路和油路,在没有芯片钥匙的情况下无法起动车辆,本节内容我们主要讲解大众汽车芯片式防盗止动器的工作原理及故障的诊断方法。

网络防盗是指通过网络来实现汽车的开关门、起动机、截停汽车、汽车的定位以及车辆会根据车主的要求提供远程的车况报告等功能。网络防盗的优点主要体现在突破了距离的限制。

(一) 大众第三代防盗系统

大众第三代IMMO方案,使用应答器PCF7935,由基站首先发送一串随机数,应答器再回应经过加密的代码,经过验证后才可起动发动机。其工作过程如下:

(1) 如图5-4所示为固定码传输过程,点火开关打开,防盗止动器控制单元向钥匙中的送码器提出质询,要求送码器发送固定码(首次匹配中这个固定码储存在防盗止动器中)。然后,钥匙发送回来它的固定码,传送的固定码与储存的码在防盗止动器中进行比较,如果相同则开始传送可变码(固定码是用来锁定钥匙的)。

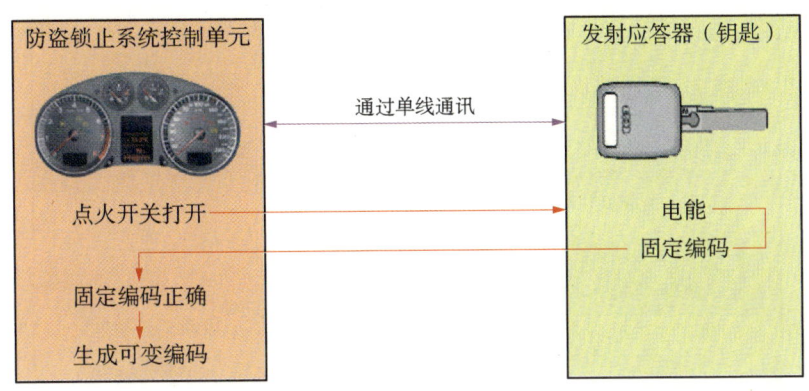

图5-4 固定码传输过程

(2) 如图5-5所示为可变码传输过程,防盗止动器随机产生一变码。这个码是钥匙和防盗止动器用于计算的基础。在钥匙内和防盗止动器内有一套密码公式列表(由许多组密码公式组成)和一个相同且不可改写的SKC(公式指示器)。在钥匙和防盗止动器中分别计算结果。钥匙发送结果给防盗止动器。防盗止动器把这个结果和自己的计算结果进行比较。如果相同,钥匙确认完成。

(3) 如图5-6所示为发动机ECU到防盗器ECU认证过程,发动机控制单元随机产生一变码。在发动机控制单元和防盗止动器内有另一组密码公式列表和一个相同的SKC(公

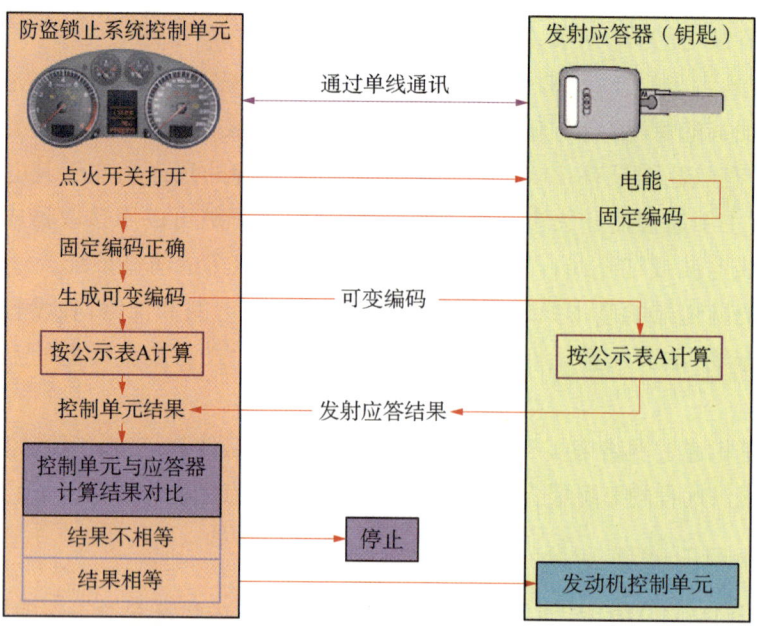

图 5-5　可变码传输过程

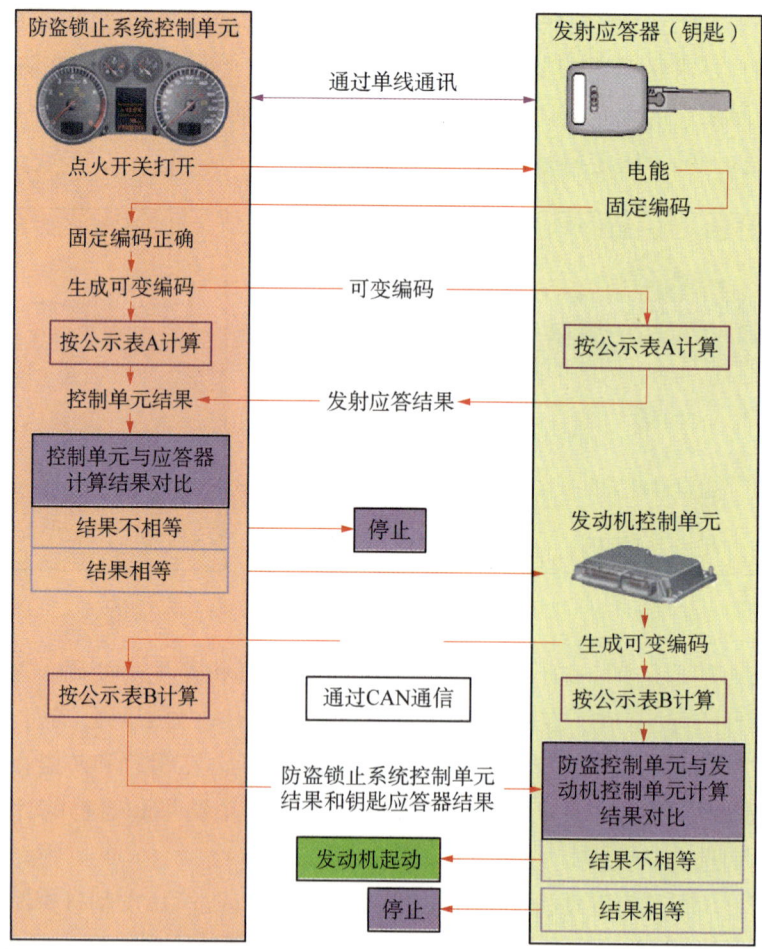

图 5-6　发动机 ECU 防盗认证过程

式指示器)。防盗止动器返回这个计算结果到发动机控制单元内与其计算结果进行比较。这个数据由 CAN 总线进行传递。如果结果相同,发动机被允许起动。

(二) 大众第四代防盗系统

如图 5-7 所示大众第四代防盗系统的元件保护包括:J362、J764、J518、J623 和汽车钥匙等。

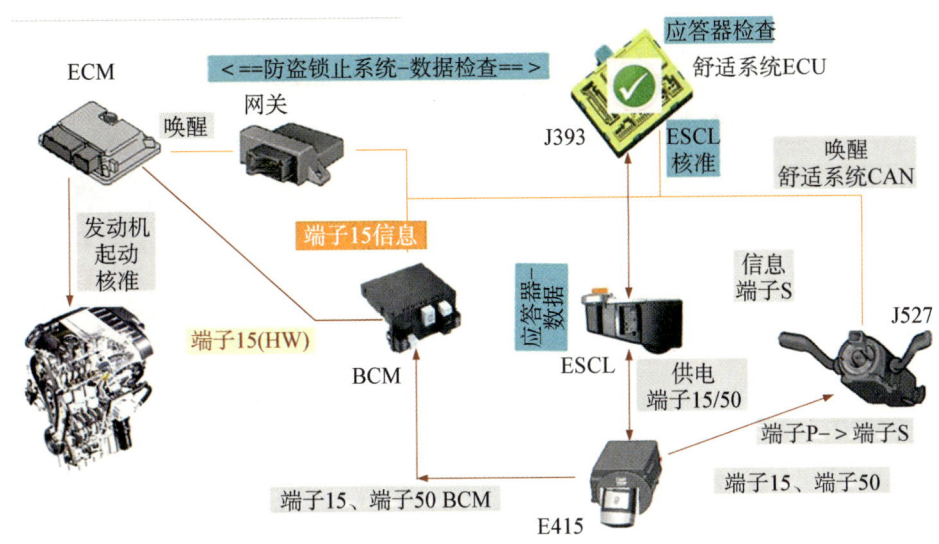

图 5-7 大众第四代防盗系统原理

1. 解锁过程

把钥匙插入到 E415 中后,E415 中的 P 触点断开 S 触点接合,S 触点接合后给 J527 接合信号,J527(读取数据流)通过 CAN 线把接合信号传给 J393(进防盗或舒适读取 S 触点信号),J393 得到信号后又通过串行总线给 J764(J764 的 T10K/2 号端子,只有插钥匙与拔钥匙的一瞬间有 0—12 V 的方波)一个唤醒信号,J764 得到唤醒信号后给 E415 中的 D1 读写线圈供电,供电后读取钥匙信号,读取得到的钥匙信号通过 D1 导线传递给 J764,J764 得到信号后再通过串行数据总线传递给 J393(J764 得到 D1 数据时不可以识别,只能传递给 J393 识别),J393 判定钥匙是否合法,不合法转向柱不解锁,没有 15 号电,J393 判定合法后(通过读取数据钥匙授权显示:是)通过供电导线给 J764 供电(J764 的 T10K/8、T10K/10 号端子),J764 解锁,解锁的同时 J764 给 E415 的供电线 8 号针脚供电,供电后就可以形成 15 号电和 50 号电。

2. 锁止过程

条件一:拔了钥匙后,E415 有 P 触点信号,给 J527 一个信号,J527 得到信号后给 J764 一个锁止信号。

条件二:车速为零、发动机熄火后给 J533 信号,J533 得到信号后给 J393 信号,最后再给

J764信号。同时满足这两个条件J764才会锁死。

(三) 大众第五代防盗系统

如图5-8所示为大众第五代防盗系统的工作原理图,起动机运行首要条件是需经过内部防盗系统确认当前钥匙是否已授权,如果验证钥匙为已授权,则将接通15电源以及解除防盗,同时发动机控制单元J623将点火和燃油限制解除。

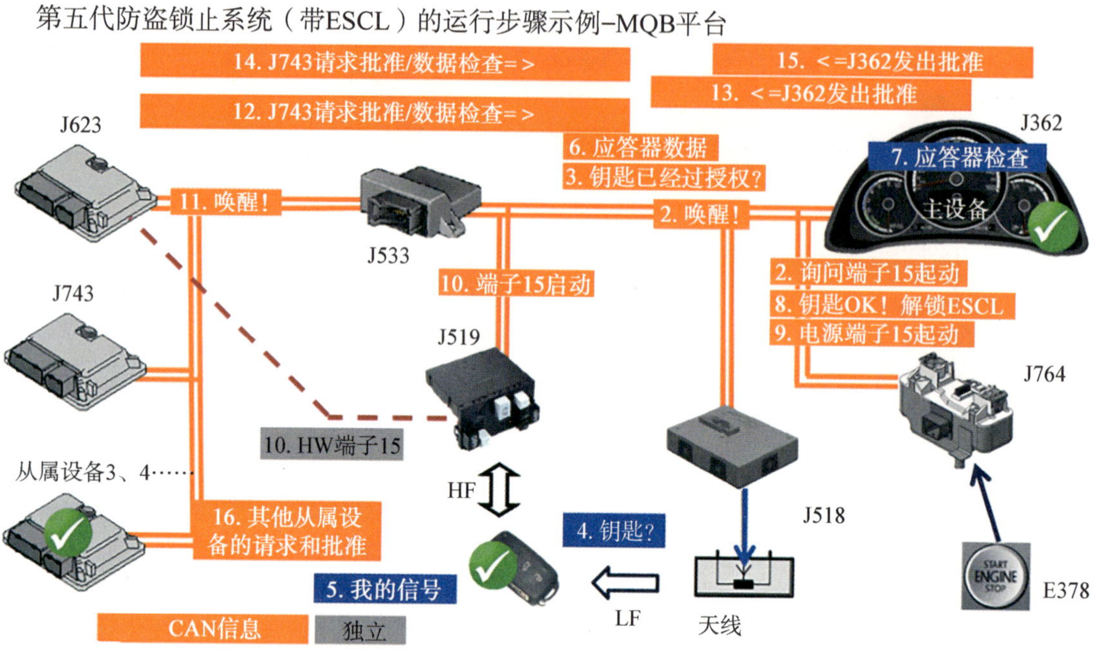

第五代防盗锁止系统（带ESCL）的运行步骤示例–MQB平台

14. J743请求批准/数据检查=>
15. <=J362发出批准
12. J743请求批准/数据检查=>
13. <=J362发出批准

J623
11. 唤醒!
J743
从属设备3、4……
16. 其他从属设备的请求和批准
CAN信息　独立
5. 我的信号

J533
6. 应答器数据
3. 钥匙已经过授权?
2. 唤醒!
10. 端子15启动
J519
10. HW端子15
HF
4. 钥匙?
LF　天线
J518

J362
7. 应答器检查 主设备
2. 询问端子15起动
8. 钥匙OK! 解锁ESCL
9. 电源端子15起动
J764
E378

图5-8　大众第五代防盗系统原理

按下起动装置按键E378,进入及起动许可控制单元(J965)负责处理信号、唤醒舒适系统CAN数据总线,同时查询防盗锁止系统控制单元(J519内部)是否允许接通15电源。为确定车内是否有授权钥匙,进入及起动许可控制单元(J965)针对已匹配的钥匙通过车内天线发送一个查询码(125 kHz低频信号)。授权钥匙识别到其信号后进行编码并向J519发送一个的应答器数据(433 MHz高频信号),J519将应答器数据转发给防盗锁止系统控制单元J362。防盗锁止系统控制单元J362通过比对,确认是否为已授权钥匙。如果为已授权钥匙,则防盗锁止系统控制单元J362通过舒适系统CAN数据总线,向电子转向柱锁控制单元J764发送一个电子转向柱解锁命令,以打开电子转向柱(方向盘可以转动)。同时进入及起动许可控制单元J362向J519发送CAN消息,同时通过一条独立的导线接通15电源。其他的CAN数据总线将通过数据总线诊断接口J533唤醒。

唤醒所有数据总线后,就可进行跨总线的防盗锁止系统通信。在成功完成发动机控制单元的数据比较后,防盗锁止系统控制单元将颁发起动许可。如果安装有双离合变速器机械电子单元(J743),那么J743还会随发送查询并提出释放防盗锁止系统控制单元J362的请求。

如果有一个控制单元信息对比出现错误,发动机防盗将被激活,激活后的现象为起动机可以运转,车辆可以起动,但起动后立即熄火。点火挡时,按压一键起动至 ON 挡,点火信号传输给进入及起动许可控制单元(J518),进入及起动许可控制单元(J518)将点火信号通过舒适 CAN 总线输入车载电网控制单元(J519),J519 接通端子 15 供电继电器 J329 使其工作,同时 J519 T73a/14 号端子向发动机控制单元 J623 提供点火开关电源,使发动机控制单元 J623 工作。发动机控制单元 J623 接通主继电器 J271 和发动机部件供电继电器 J757 使其工作。发动机控制单元 J623 主电源先通过蓄电池正极到主继电器 J271 触点,再至熔丝 SB3 (15 A)。

二、故障分析

以迈腾 B8 一键起动系统为例,在对一键起动系统失效故障进行诊断分析时,需结合车辆以下现象进行综合分析,故障诊断分析如下。

(1) 观察无钥匙进入功能是否正常;触摸车门把手时,钥匙指示灯是否闪烁。

如果无钥匙进入功能正常则说明车门门把手触摸传感器→J965→室外天线→钥匙→J519;J965→J519→舒适 CAN→门锁系统工作正常。

(2) 观察使用遥控钥匙是否可以正常解锁车门。

如果遥控钥匙可以正常解锁车门,则说明钥匙→J519→舒适 CAN→门锁系统工作正常。

(3) 进入车内,观察仪表是否可以正常显示车门状态,E378 指示灯能否点亮,挡位指示灯能否正常点亮。

如果仪表显示车门状态正常,说明门锁机构→车门控制模块→舒适 CAN→仪表控制单元 J285 工作正常;如果选挡杆指示灯点亮正常,则说明门锁开关→车门控制模块→J519→网关→动力 CAN→选挡杆工作正常。

(4) 观察一键启动时,方向盘是否解锁,钥匙指示灯是否闪烁,仪表是否点亮。

如果方向盘能正常解锁,则说明 E378→J965→舒适 CAN→J285、J965→室内天线→钥匙工作正常;J965(唤醒)→J519→CAN 总线→转向柱锁止控制单元、J965→室内天线→钥匙→J519 工作正常。

(5) 确认能否进行应急启动。

如果使用应急方式可以启动发动机,则说明钥匙→读识线圈→组合仪→舒适 CAN→J519→转向柱锁止控制单元 J764;E378→J965→J519→各控制模块工作正常。

案例　起动装置按钮 E378 开关信号线断路故障检修

(一) 故障现象

无钥匙进入功能正常,仪表显示车门状态正常;按下 E378 起动开关,方向盘不解锁,

E378 和挡位指示灯正常点亮；一键起动和应急起动均无法打开点火开关，钥匙指示灯不闪烁，仪表不亮，起动机不转。

(二) 故障分析

车门无钥匙进入功能正常，说明车外门把手触摸传感器到 J965（唤醒）到 J519 到 CAN 总线工作正常，J965 到室外天线到遥控钥匙到 J519 工作正常；仪表显示车门状态正常，说明车门控制模块到 CAN 总线到仪表单元 J285 工作正常；E378 指示灯正常点亮，说明 E378 接收到 J965 的电源信号并且搭铁正常。其控制电路如图 5-9 所示。

综合分析仪表不亮、一键起动及应急起动均失效的原因可能为：E378 自身故障；E378 开关至 J965 信号线路故障；J965 故障。

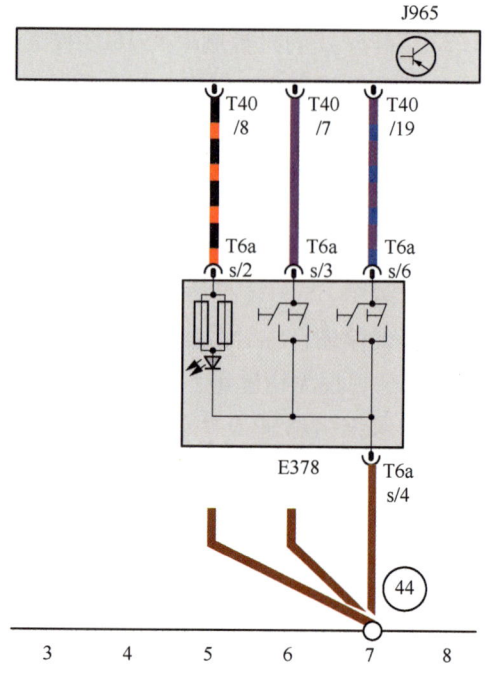

图 5-9　起动装置按钮 E378 开关控制电路

(三) 故障诊断流程

第一步：读取故障码。

无故障码。

第二步：测量 J965 的信号输出。

按下 E378，用万用表分别测量 J965 的 T40/7、T40/19 号端子的对搭铁电压，正常情况下端子电压均为 +B 至 0V。

（1）如果端子电压均为 +B 不变，说明 J965 没有收到 E378 的开关信号。

（2）如果端子电压由悬空电压至 0V，说明 J965 自身存在故障。

实测结果为 J965 的 T40/7、T40/19 号端子的对搭铁电压均为 +B 不变，而 E378 的 T6as/3、T6as/6 号端子的对搭铁电压均为悬空电压→0V，说明 J965 的 T40/7、T40/19 号端子至 E378 的 T6as/3、T6as/6 号端子之间的线路断路。修复线路后，恢复正常。

第三步：测量 E378 的信号输出。

按下 E378，用万用表分别测量 E378 的 T6as/3、T6as/6 号端子的对搭铁电压，正常情况下两个端子对搭铁电压均为 +B→0V。

（1）如果电压始终为 +B，说明 E378 自身损坏。

（2）如果电压由悬空电压至 0V，说明 E378 没有收到来自 J965 的 +B 电压信号。

实测结果为：E378 的 T6as/3、T6as/6 号端子的对搭铁电压均为悬空电压至 0V，说明 E378 没有收到来自 J965 的 +B 电压信号。

J965 的 T40/7、T40/19 号端子至 E378 的 T6as/3、T6as/6 号端子线路，一端为 +B，一端为 0V，判断为 E378 至 J965 之间的两根信号线路均断路。

附件：学生实训报告单

实训项目				
故障现象描述		配分	扣分	判罚依据
可能的故障原因				
故障诊断流程 （※注明测试条件、插件代码和编号，控制单元针脚代号）				
故障点和故障类型确认				

一、填空题

1. 芯片式数码防盗器基本原理是锁住汽车的起动机、电路和油路,在没有_____的情况下无法起动车辆。

2. 网络防盗是指通过_____来实现汽车的开关门、起动机、截停汽车、汽车的定位以及车辆会根据车主的要求提供远程的车况报告等功能。

3. 大众第五代防盗系统,起动机运行首要条件是需经过_____确认当前钥匙是否已授权,如果验证钥匙为已授权,则将接通15电源以及解除防盗,同时发动机控制单元J623将_____和_____限制解除。

4. 在大众第三代防盗系统中,可变码传输过程,_____随机产生一变码。这个码是钥匙和防盗止动器用于计算的基础。

二、选择题

1. 下列哪点属于汽车CAN总线系统中网关的作用(   )。
   A. 线路连接点   B. 诊断控制模块
   C. 完成不同数据单元之间的数据交换   D. 相当于一个数据插口

2. 芯片式数码防盗器基本原理是锁住汽车的(   )。
   A. 起动机、电路和油路   B. 车门
   C. 通信   D. 车窗

3. 大众第四代防盗系统除了限制点火和燃油,还限制车辆的(   )。
   A. 转向盘   B. 车门
   C. 通信   D. 车窗

三、简答题

1. 请列举影响防盗不能解除的故障原因有哪些。
2. 请简述大众第五代防盗系统的工作过程。
3. 车辆仪表控制单元电源出现故障会造成什么故障现象?
4. 请简述无钥匙进入工作过程。